ヴィーナスの神殿・祝福

Ra Golden Wings
(ラ・ゴールデン・ウィングス)

太陽神の王国

黄金神の王国

超・金剛亀

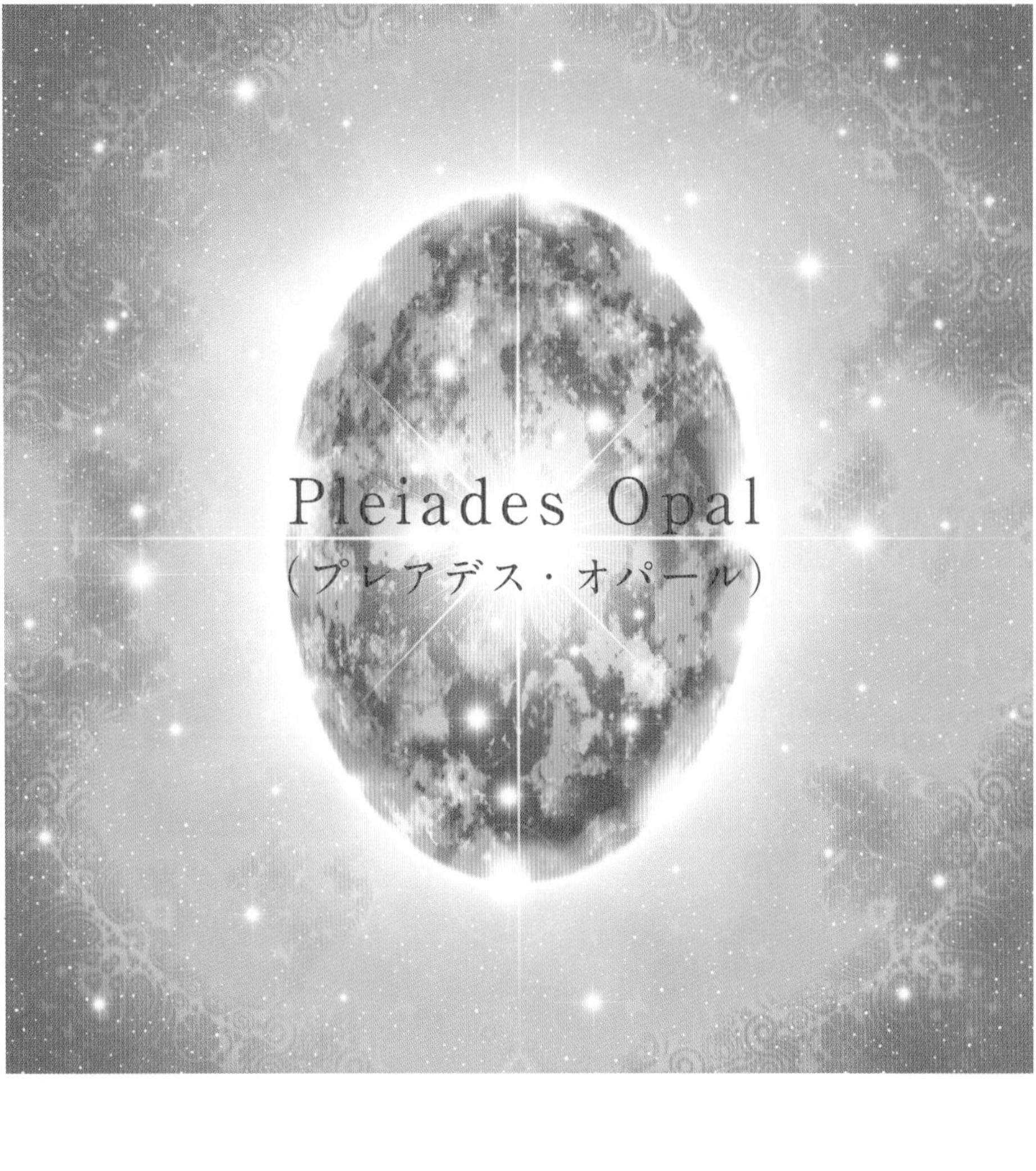
Pleiades Opal
(プレアデス・オパール)

Orion（オリオン）

太陽神のセフィロト

奇跡の
スピリチュアル・アート
天上界とつながりパワーを浴びる

綾小路《あやのこうじ》有則《ありみつ》
（スピリチュアル・アーティスト）

徳間書店

はじめに

１９９０年、私はある啓示《けいじ》を受けて以来、30年以上にわたって「スピリチュアル・アート」を創作し続けています。

スピリチュアル・アートとはどういうものなのか、また私が受けた啓示の内容などについては本文でくわしく解説します。ここでは、スピリチュアル・アートの概念のみにふれておきましょう。簡単にいうと、スピリチュアル・アートとは、鑑賞した人と天の存在とを結びつける芸術作品です。

絵画から出発したスピリチュアル・アートは、その後、クリスタルガラス・アート、着物の帯、宝石アート、書籍、絵本、お湯をそそぐとスピリチュアル・アートが浮き出るマグカップ、オラクルカード、瞑想《めいそう》用ＤＶＤ、ＣＤ（ヒーリング・ミュージック）など、数多くのアイテムへと広がり、いまは東京と名古屋で定期的に個展を開催しています。

この間、スピリチュアル・アートにふれた方々から、さまざまな声が寄せられるようになりました。

当初は、「作品の前に立つと、ものすごいパワーを感じる」「なぜか涙があふれてきて止まらなくなる」といった声が主だったものでした。

ところが、スピリチュアル・アートが広く浸透するに伴《ともな》って、寄せられる声に明らかな変化が認められるようになったのです。

最初に現れた変化は
「宝くじで高額当選した」

「奇跡的な出会いがあって彼氏ができた」

というように、運気が上がった、ラッキーなことが起こったというような声がふえてきたことでした。

そして、その後、世間一般の常識からすれば、耳を疑うような内容の声ばかりが寄せられるようになったのです。

「絵に描かれていた天使から話しかけられ、なぐさめられた」

「亡くなった子供と会話ができた」

「医師から見放された難病が完治した」

報告してくれた方々は、一様に感動し、興奮した口調でことの顛末《てんまつ》を話してくれました。

しかし、当の私は、そうした話を冷静に受け止めることができました。なぜなら、スピリチュアル・アートは、そもそもそうした奇跡を起こすことを目的に送り出してきたものだからです。

本書では、なぜ私がそのような作品を手がけるようになったのか、そして、その背景にはどのような人生の歩みがあったのかを余すところなくお伝えします。

世間一般の常識からすれば耳を疑うようなことも、「世間一般の常識」という枠《わく》をはずしてみると、実は必然的に起こったこと、すなわち、決して不思議ではないことだと納得できるものです。読者のみなさんには、「世間一般の常識」という呪縛《じゅばく》を一度解かれることをおすすめします。

本書は、私にとって12年ぶりの出版となる、2冊めの著書になります。前著では語り尽くせなかったこと、この12年間で起こった新たな出来事をたどることで、みなさんとともに世界の新たな扉を開くことができれば、著者として望外の喜びです。

2023年9月

綾小路有則《あやのこうじありみつ》

【カバー絵について】

本書のカバー絵は、『光の王国』という作品です。

この作品は、2018年に守護霊から、

「2020年は、世界に悪魔がはびこり大変な年となる。そこで、その悪魔に対して結界を張り、人々に生きるエネルギーを与える絵画を描きなさい」

という啓示を受け、描いた4つの絵画『Wings of Justice』『Ra Emerald Wings』(以上、本書未紹介)、『Ra Golden Wings』のうちの1つです(2020年完成、発表)。

2020年になり、世界にはびこる悪魔が「コロナウィルス」だと判明し、私は「スピリチュアルパワーで、コロナなんか吹き飛ばせ!」と、この絵を掲げて、名古屋と東京で個展を開き、多くの方々に元気と感動を与えてきました。

読者のみなさんも、ぜひ、生きるエネルギーを感じとってください。

【本書の巻頭カラー・カードについて】

本書の巻頭には、近年、特に多くの方々に奇跡をもたらしている8点のスピリチュアル・アート作品を収録しました(奇跡の詳細については、本文参照)。

ご自分の気に入った作品を、切り取って部屋に飾ったり、持ち歩くなどして、あなたを見守る天の存在との結びつきを強くして、幸運を引き寄せてください。

目次

第1章

スピリチュアル・アートはいかにして生まれたか

第2章 スピリチュアル・アートが起こした奇跡

第3章

スピリチュアル・アートが生んだ奇跡の動画

第4章 天とつながる方法

第1章

スピリチュアル・アートはいかにして生まれたか

綾小路有則は本名です

スピリチュアル・アートなるものを手がけ、名前は綾小路《あやのこうじ》有則《ありみつ》――そう聞くと、おそらく大半の方は「いかにもなアーティストネームだな」と思われるかもしれません。しかし、綾小路有則はアーティストネームでもペンネームでもなく、本名です。

こんな私が、どのような人生を歩んできたのか。そして、どのような経緯からスピリチュアル・アートに取り組むようになったのか。本章では、私の生い立ちをたどってみます。

私は1961年12月5日に長崎県長崎市で生まれました。東京出身の父と福岡出身の母、そして3歳違いの弟の4人家族でした。

綾小路一族は代々、京都で雅楽《ががく》の奏者をしており、皇女 和宮《かずのみや》（和宮《かずのみや》親子《ちかこ》内親王《ないしんのう》：仁《にん》孝《こう》天皇の第八皇女）が江戸城入りしたときに、ともに江戸に下りました。以降、現在の世田谷区に居をかまえ、私の祖父の代まで雅楽の奏者をしていました。会社員をしていた父も世田谷区の生家に居住していましたが、私が母のおなかに宿った瞬間に辞令が出て、長崎へ移り住んだというわけです。

私は1歳になる前から、クレヨンを持たせれば絵を描きまくっていたそうです。生まれ持って絵が好きだったのでしょう。物心がついたときには、「長崎くんち」の龍踊《じゃおどり》でなじみの深い龍や、母が大好きだった富士山の絵ばかりを描いていた記憶があります。

それでは、絵が好きなおとなしい子供だったかというと、残念ながらそうではありません。自分の納得がいかないときは、相手が誰であろうと絶対に謝らない、大人からすればかなり扱いにくい子供だったようです。

柔道をやっていた父はとても厳しい人で、そんな私に、ことあるごとに鉄拳制裁を加えていました。ある日、つまみ食いをしているところを見つかり、例によってゲンコツをくらいました。しかし、父が夜中につまみ食いをしているところを見たことのある私は、「自分だってやっているくせに」と言って、頑《がん》として謝りません。絶対に謝らずに反論し続ける私を前にして、父は「こいつは大人になったらろくなやつにならない」と思っていたそうです。

最初に聞こえた〝声〟

そんな私が最初に不思議な体験をしたのは、幼稚園児のときです。気づいたら、そこかしこに夜空に輝く天の河のような光が見えるようになっていたのです。

とくに夜は、いくつもの美しい光が自分のまわりを飛び交っているのがよく見えました。母に「あれは何？」と聞くと、たまたま指さしたところに窓があったため、母は外を見て「ネオンじゃないの？」と答えました。「いや、そんな遠くじゃなくて、すぐそこに光ってるやつ」と言うと、「何バカなこと言ってんの！」と怒られてしまいました。

その光は、目を閉じても見えました。ウソをついているわけじゃない、この不思議な現象の存在をなんとか証明したいと思いましたが、幼稚園児です。確たる証拠もなしに余計なことをいうとまた怒られると思い、口をつぐんでいました。

しかし、この光が見えた体験を契機に、私の身に次々と不思議なことが起こるようになりました。

まず、幼稚園でやたらとモテるようになりました。きっかけは、自分のことが好きな女の子がわかるようになったことでした。その子から出ているエネルギーが自分の中に入ってくると、すごく気持ちがよくなり、「ああ、この子は僕のことが好きなんだな」とわかるのです。そのエネルギーを自分の中で濾過《ろか》して、相手に返すと相手がもっと好意を寄せてくれるとわかったのですが、「その力は使ってはならない！」と突然声が聞こえてきたので、びっくりしたことを覚えています。

そして、それからしばらくして、その後の私の人生を決定づける出来事が起こりました。

幼稚園では、同年齢の園児がA組、B組、C組の3組に分けられており、私はB組でした。ある日、理由は覚えていませんが、A組とC組がケンカになったことがありました。B組の私は「巻き込まれたくない」と思い、どっちつかずの立場で、その様子を傍観していました。すると、突然、「そうやっておまえは前回も逃げたから、あの方を救えなかった。すごい悔いを残しただろう」という声が聞こえてきたのです。

便宜的に「声が聞こえた」と書きましたが、厳密にいうと、そのような音声が聞こえたわけではありません。前述したような言葉、というより、言語化される前の思考のようなものが、私の頭の中に入り込んできたのです。

「前回も？」「救えなかった？」「悔いを残した？」——幼稚園児の私には、なんのことかまったく理解できません。

「『おまえは』って、いったい誰が言っているの？」という疑問は、のちに判明しましたが、ここではふれずにおきましょう。間違いないのは、この日以降、私の人生は、この〝声〟によって導かれていったということです。

ここいちばんという重要なときに再び〝声〟が

さて、幼稚園を卒園し、小学校に上がるタイミングで、父に辞令が下りました。新たな勤務先は東京。私たち家族は、世田谷区にある父の生家で暮らすことになりました。

小学生になっても、相変わらず私は絵を描くことが大好きでした。この頃よく描いていたのは、当時流行っていたウルトラマンやガメラといったテレビや映画に登場するキャラクターです。周囲の大人から「こんなに絵がうまい子は見たことがない」などと言われ、いっぱしの天才気取りでした。

そんな私が、最初に自分の将来の夢を抱いたのは、小学4年生か5年生の頃です。当時、漫画の『マジンガーZ』にハマっていた私は、なんの連絡もせずに、作者である永井豪《ながいごう》先生のダイナミック・プロダクションを訪ねました。すると、いまでは考えられないことですが、子供だからということで、スタッフの方が中に入れてくれたのです。

そこでは、ちょうどカラーページを描いているところでした。図工の授業で習った描き方とはまったく違って、絵の具をぼかしてリアル感を出す手法に、「絵って、こんなにきれいに描けるものなのか！」と震え上がるような衝撃を受けました。そして、「将来は漫画家になる！」と決心したのです。

それからは、ひたすら漫画ばかりを描くようになりました。ただし、いまになって当時の作品を見ると、確かに絵はうまいものの、ストーリーが稚拙で、とても漫画家になれるような代物ではありませんでした。

ところで、幼稚園児の頃に聞こえた〝声〟はというと、その頃にはあまり聞こえることがなくなっていました。とはいえ、まったくなくなったわけではなく、ごくたまに突然、聞こえることはありました。

小学5年生の頃だったでしょうか。何かのきっかけで父にしかられたときには、「大人は大人の論理で子供にひどい要求をしてくる。こんな大人にはなるまいと思った気持ちを全部日記につけておきなさい。後に大切な資料になる」という声が聞こえてきました。私は文章を書くのが大の苦手だったので、「いやだ！」といって断ったのを覚えています。

さらに、小学6年生か中学1年生のときには、その〝声〟のおかげで、九死に一生を得たことがありました。

夏休みに家族で海水浴に行ったときのことです。台風のあとで遊泳禁止となっていましたが、たくさんの人が泳いでいたので、大丈夫だろうと思って砂浜で遊んでいたところ、突然大きな波が襲ってきてさらわれそうになりました。その瞬間、「腕を垂直にして、肘まで砂に突き刺せ！」という声が聞こえ、反射的にそのとおりにすると、波にさらわれずにすみ、一命を取りとめることができたのです。

そして、高校生の頃だったでしょうか。当時、女優の樹木《きき》希林《きりん》さんが登場する富士フイルムのテレビコマーシャルが大人気になっていました。そのなかで樹木希林さんが「綾小路だけど、裏のさゆり。知らなかったぁ？」というセリフを言ったとき、突然、「これが始まりだ」という声が聞こえてきたのです。

続いて「君が大人になる頃に、綾小路をもっと有名にする芸能人が出てくるから」という声が聞こえてきました。そして、「彼が出てきたあとで、綾小路をペンネームで名乗る人がたくさん出てくるなか、ただ一人、本名を名乗ることになるだろう」と言ったのです。例によって、声が聞こえるというより、そのような思考が勝手に頭の中に入ってくる感じでした。インスピレーションが降りてくるといえばよいでしょうか。

このように、不思議な〝声〟は、以前ほど頻繁に聞こえることはなくなりながらも、ここいちばんという重要なときに現れるようになっていました。

〝声〟を無視して大学受験に失敗

私にとって高校時代は、人生のなかで最も平穏な日々だったような気がします。当時は、アニメ映画の『宇宙戦艦ヤマト』に衝撃を受け、友達といっしょにアニメ作りに励んでいたのがよい思い出です。

しかし、高校3年生になって進路を決めなければならなくなったときに、私の人生が少しずつ狂い始めました。そして、久しぶりにあの〝声〟が聞こえてきたのです。

日本大学の附属校に通っていた私は、成績もそれなりによく、内部試験によって日大に進学することは、まず問題ありませんでした。担任からは「おまえの成績なら経済学部に絶対行ける。絵描きや漫画家で食えるやつなんていないから、日大の経済学部に行きなさい」と言われていました。

しかし、私の希望は芸術学部、日本大学のなかでも「日芸」と言われる芸術学部の映画学科でした。映画学科に行けば、映画監督にもアニメ監督にもなれるだろうと思ったのです。そのときに、突然、「そっちじゃないだろう」というインスピレーションが降りてきました。数年ぶりに聞く、あの〝声〟でした。

しかし、私は〝声〟を無視し、内部試験と一般受験を併用して、経済学部の経済学科、芸術学部の映画学科と美術学科の三つに挑戦することにしました。

経済学部の合格発表当日の朝、私は朝刊を取るために郵便受けに向かいました。当時、わが家では日本経済新聞ともう一紙を定期購読していました。すると、手もふれていないのに、突然郵便受けがあいて、日本経済新聞だけがバサッと落ちたのです。そして、その瞬間、「ほら、落ちた」という声が聞こえてきました。そのときはその意味が理解できませんでしたが、その日の午後、絶対大丈夫といわれていた経済学部に落ちたことを知ったときに、ハッと気づきました。日本経済新聞と日大経済学部、どちらも略して「日経」だったのです……。

けっきょく、日芸の映画学科も美術学科も不合格でした。小さい頃から絵が得意で、天才と言われていたにもかかわらず、美術学科に落ちた理由は明白でした。それまで、机の上で絵の具を使って絵を描くばかりで、キャンバスの前に立って木炭や鉛筆で絵を描いた経験がまったくなかったからです。美大予備校の夏期講習でも、「いったいどうやって白い石膏像を黒い鉛筆で描いたらいいんだ！」とパニック状態になっていました。

うつ状態をきっかけに霊的に目覚める

大学受験に失敗した私は、美術大学への進学に特化した予備校に通って浪人生活を送ることになりました。そのときの第一志望は日芸の映画学科。すべり止めが日芸の美術学科でした。すると、またしても「何をやっている。藝大だろう。徹底的にじゃまするぞ！」というインスピレーションが降りてきました。当時、私はゲイ大というのは東京学芸大学のことだと思っていました。しかし、芸大ではなく藝大、すなわち、東京藝術大学のことを言っていたのです。それほど私は、画家になることにあまり関心がなかったのです。

この時点で、〝声〟の主は私を東京藝術大学に行かせようとしていることが、おぼろげながらわかってきました。それは、何かを調べてわかったということではなく、ひとことで言えば直感的にひらめいたということでしょうか。

しかし、私の第一志望はあくまでも日芸の映画学科。そもそも日本の美術大学の最高峰である東京藝大など、逆立ちしても入れるわけがありません。私は自分の信念を貫《つらぬ》こうと腹をくくりました。

すると、本当に〝声〟の主による徹底的なじゃまが始まりました。

まず、成績が予備校で最下位になりました。決して怠《なまけ》けていたわけではありません。むしろ、必死に努力をしていたと、いまでも自負しているほどです。それにもかかわらず、予備校で完全な落ちこぼれ状態になり、浪人1年めはクラスで最下位が私の定位置となりました。

さらに、予備校の同級生との人間関係にも悩まされるようになりました。美大生を志《こころざ》す浪人生は、自由人が多く、どちらかというと軟派な方が多かったです。男子高出身で硬派な仲間にもまれて育った私とは、反りが合うはずもなく、私は完全に浮いた存在になっていました。

成績はビリで、クラスでも浮いた存在。精神的に落ち込んでうつ状態に陥った私は、生まれて初めて死を意識するようになりました。すると、

「人は死んだらどうなるのだろう?」

「自分はなぜ生まれてきたのだろう?」

「神さまとはいったいなんなのか?」

といった思いが次々と浮かび上がり、自分の関心がそれまでとは違った方向に転換していくのを実感しました。

このことをきっかけに、私は仏教書や聖書やスピリチュアルな(霊的な)テーマの本を

読み漁《あさ》るようになりました。そして、その結果、自分自身がどんどん霊的になっていくのを感じるようになりました。

成績が最悪なうえに、自分の関心がどんどんスピリチュアルなものに移っていたのですから、1浪後の受験の結果は火を見るよりも明らかでした。日芸の映画学科と美術学科、さらに多摩美術大学、武蔵野美術大学、東京造形大学も受けましたが、すべて不合格で1浪めを終えたのです。

しかし、この頃には、なぜかまるで霧が晴れるかのようにいろいろなことがわかってきて、「自分は日本を代表する宗教画のアーティストになって、神さまの存在を証明する」と自覚するようになりました。そこで、心の中で「もう1年浪人して東京藝大を受けます！」と叫んだところ、「やっと気づいたか！」という例の〝声〟が聞こえて、体の中にドーンと何かが入ってきたのを感じたのです。1981年3月、人生の大転換期です。

心の波動が通じ合えば変わる

その翌日から、私の2浪めの生活が始まりました。すると、驚くべきことが起こりました。クラスで最下位だった成績がいきなり1番になったのです。

私が通っていた予備校では、毎週、講師の先生が全員の課題作品に順位をつけてコメントすることになっていました。作品は1位から順に黒板の右の上段から左の下段まで並べられます。それまでは左の最下段が私の定位置でした。ところが、先生が右の最上段に置いたのは、なんと私の描いた絵だったのです。

先生は「これはよくできている。誰が描いた?」と聞きました。私が手を挙げると、どよめきが起こり、口々に「いったい、どうしたんだ?」と聞かれました。まさか「東京藝術大学をめざすと決めたら何かが入ってきて……」とは言えないので、「2浪だから背水の陣なので」と、苦笑いをしながら答えたのを覚えています。

以降、浪人生活を終えるまで、私の成績はクラスで上位をキープし続けました。

自分の意思とは関係なく、勝手に手が動いて何かしらの文章を書き綴《つづ》る「自動書記」というスピリチュアル現象があります。その自動書記の絵画バージョンといえばよいでしょうか。私の場合も、気づくと、自分でも信じられないほどの出来栄えの絵を描けるようになっていたのです。

よい作品が次々と完成するにつれて、「自分は日本を代表するアーティストになって神さまの存在を証明する」という思いが、より具体性を帯びてきました。2浪生活の後半には「アートが起こす奇跡を武器にして、神仏、霊界、輪廻《りんね》転生《てんしょう》(*)の実在を世界に訴え続ける。自分はそのことを神仏に誓って生まれてきた」ということをハッキリと自覚したのです。　　　　＊人間を含む生き物が何度も生死をくり返し、新しい生命に生まれ変わること。

ただし、成績が格段に上がり、自分の目的が明確になったからといって、うつ状態が解消したわけではありませんでした。むしろ、より深刻になっていったように思います。というのも、自分が霊的になったことで、周囲に取り憑《つ》かれた人がいると、その存在を察知できるようになったからです。私は、そんなことで悩んでいることを悟られたくありませんでした。そのため、予備校にいるときはニコニコしていましたが、家に帰るとつらくて吐《は》くということをくり返していました。

しかし、その後、スピリチュアルについての研究を深めていくなかで、自分の悩みを跳ね返す方法がわかってきました。

自分が闇にとらわれているのには、理由がある――絵がうまくなりたい、女性に気持ち悪いと思われたくない、友達が少ないから変なヤツだと思われたくない。それは裏返せば、みんなに認められたい、愛されたいということ。そう思えば思うほど、変なものを引き寄せている。

そうではなく、損得を考えずにみんなを幸せにする、明るくする。自分の中からエネルギーが出てきて、みんなを喜ばせれば、いちばん疲れているはずの自分が元気になる――

これが本に書いてあった「波長同通《はちょうどうつう》の法則」かと、腑《ふ》に落ちました。

波長同通の法則とは、あるエネルギーが他方と共鳴し、さまざまな物理的現象を引き起こしたり、引き寄せたりする法則のことです。与えるものは与えられ、奪うものはもっと奪われるのです。

こうして、自分の悩みを解決する術を会得した私は、満を持して3度めの大学受験に挑みました。

入試にまつわるシンクロニシティ

東京藝大の入試に関しては、いくつかのシンクロニシティ（意味のある偶然の一致）がありました。

入試には、セント・ジョセフ（イエス・キリストの養父）の石膏像を描くという課題がありました。この石膏像が実に描きづらい代物で、私はどうしても右下から仰ぎ見る構図でなければうまく描くことができませんでした。冬休みを返上して一人で予備校に行ったときに、教室を自由に使ってよいといわれ、ずっとセント・ジョセフの石膏像を描く練習をしていましたが、入試のときに最前列の右端の席から描くことができなければ、合格は厳しいと感じていました。

さて、入試の当日のことです。私は予備校の同級生6〜7人と、山手線に乗って藝大に向かっていました。同級生のなかには2浪どころか3浪や5浪の人もいたので、今年こそはお互いにがんばろうと話をしていました。ところが、つい話し込んで、最寄りの上野駅を乗り過ごしてしまったのです。あわてて逆戻りして、ギリギリで間に合いましたが、教室に入ったときには、私たち以外は全員が着席している状態でした。席は抽選だというので、私は最後に残った札を取りました。すると、その席は最前列の右端だったのです。

そして、合格発表の日のことです。入試の日と同様、予備校の同級生たちとともに藝大に向かっている途中、上野公園の前で1匹の黒ネコが私たちの前を右から左へ横切ろうとしました。同級生たちは「縁起が悪い」といって騒ぎだしました。そこで私は、「縁起が悪いなら、縁起を呼び寄せたらいい」と言って、黒ネコが自分の前を横切ろうとした瞬間、ネコを抱き上げて撫でながら、「受かりますように」と言って、道の端に放してあげました。

そうこうして私たちは、合格番号を示す掲示板の前に到着しました。結果は、唯一、猫が横切らなかった私だけが合格していました。とはいえ、同級生たちには、何とも申し訳ない気持ちでいっぱいになったことを覚えています。

浪人時代よりさらにうつうつとした日々

晴れて東京藝大への入学を果たし、自分の悩みを解決する方法も身につけつつあった私でしたが、いざ入学してみると、そこには想像をしていたのとはまったく違った世界がありました。前述したとおり、予備校の同級生には変わり者が多かったのですが、藝大の学生たちは、そのはるか上をいく人ばかりだったのです。

自分も変わり者なので人様のことは言えませんが、岡本太郎《おかもとたろう》先生のような天才がクラスにたくさんいるような感じで、うまく溶け込むことができません。「ひょっとすると、おかしいのは自分のほうではないか」とひどく悩むようになりました。

そのため、私の心は浪人時代以上にうつうつとするようになりました。数少ない地元・世田谷の友達とは普通の会話ができたので、それでなんとか精神のバランスをとっているような状態でした。

それでも、なんとか学生生活を送ることができたのは、私の中の霊性がますます高まったためでした。藝大生たちとうまくつきあえない理由がわかってきたのです。

東京藝術大学には、美術学部と音楽学部があり、それぞれの建物は道路をはさんで向かい合って建っています。ある日、道路の真ん中に立って、こちらに向かって歩いてくる学生たちを見るともなしに見ていたところ、暗くモヤモヤとしたオーラをまとった学生と、キラキラと輝くオーラをまとった学生に二分されていることに気づきました。そして、モヤモヤとした学生の多くは美術学部の建物に、キラキラとした学生の多くは音楽学部の建物に入っていくのです。

「なぜ、こんなに差があるのだろう」と思ったのですが、当時の私には、その理由がまったくわかりませんでした。しかし、スピリチュアル・アーティストになってから数年後、その理由がインスピレーションによって知らされました。

「音楽学部の学生はモーツァルトやショパンのようなクラシック音楽を学んでいるので、教育の基礎が神さまの方向を向いている。それに対して美術学部の学生は、感じ取ったものを自由に制作することが重視されている。時代が暗い方向に向かっているから、感受性が特に強い藝大生は、それに同調して暗い作品を描く人が多くなっている。負のエネルギーと強くシンクロした人は、そうした暗いオーラをまとってしまい、最悪の場合、憑依《ひょうい》されてしまうのだ」というものでした。これも前述の「波長同通の法則」の一つでしょう。

「常に神さまの方向を向いて生きることが、闇のエネルギーに負けない力になる」ということが実体験を通してわかってきたので、少しずつではありますが、精神力が強くなっていきました。

〝声〟の主の正体

このように私の霊性が高まっていったのは、浪人時代から引き続き、スピリチュアル関係の本を読み漁っていたことも理由の一つでしょう。しかし、もう一つ、それよりもはるかに大きな理由があります。それは、私にインスピレーションを降ろしてくる〝声〟の主とコミュニケーションをとれるようになったことです。

コミュニケーションがとれるようになったのは、2浪を決意した1981年3月のことです。そう、私の中に何かがドーンと入ってきたときからです。

コミュニケーションといっても、霊能者のように神仏の姿が見え、会話ができるわけではありません。脳裏に流れてくる映像や情報を、私が自動的に日本語に翻訳していく感じです。感知した映像や情報について心の中で質問すると、さらに情報が流れてきて、それをまた日本語に翻訳するという、不思議なコミュニケーションのとり方なのです。

ですから、〝声〟の主が何者なのかも私にはわかりません。一般的には、守護霊とか指導霊とか天使などといわれる存在のようです。ここでは、便宜的に「守護霊」と呼ぶことにしましょう。

おもしろいのは、その存在は単独ではなく、複数いることです。その状況に応じて、必要な存在が入れ替わり立ち替わり現れ、適切な情報を与えてくれているようなのです。

守護霊とコミュニケーションをとれるようになってから、過去に経験した不思議な出来事の意味が少しずつ明らかになっていきました。

幼稚園でほかのクラス同士がケンカになったときに聞こえてきた「そうやっておまえは前回も逃げたから、あの方を救えなかった。すごい悔いを残しただろう」という声は、「キリストの磔刑《たっけい》」に関係していました。イエス・キリストが十字架に磔《はりつけ》にされたとき、弟子たちがキリストを見捨てて逃げ出したのは有名な話です。過去世《かこぜ》（この世に生まれる以前に生を受けていた世）で私は、キリストの信者であったのにもかかわらず、何もできず多くの人たちといっしょに処刑を見ていたそうです。そしてその罪悪感は、自分が亡くなったあとも、ずっと天国で持ち続けていたとのことです。

また、高校生のときに聞こえてきた「これが始まりだ」という声は、樹木希林さんのコマーシャルによって綾小路という名前が全国に知れ渡り、やがて私が画家として認知されることを意味していました。ちなみに、そのあとに続く「君が大人になる頃に、綾小路をもっと有名にする芸能人が出てくるから」というのは、漫談家の綾小路きみまろさんのことを指していました。

このように、守護霊は私が将来画家になるように、常にアドバイスを送り、その道へ進まざるを得ない状況に誘導し続けていたのです。私がアニメ監督を志して映画学科を受験しようとしたときに「そっちじゃないだろう」と言ってきたのも、その声を無視して受験に失敗し、浪人してもなお進路を考え直さずにいると、「何をやっている。藝大だろう。徹底的にじゃまするぞ！」と言ってきたのも、実際に徹底的にじゃまされて再び受験に失敗したのも、すべて守護霊による〝はからい〟だったわけです。

そして、2浪が決定し藝大をめざすと腹をくくってから、突然、成績が上がったのも、入試の当日に駅を乗り過ごした結果、セント・ジョセフの石膏像が唯一うまく描ける最前列の右端の席が取れたのも、いうまでもなく守護霊が仕組んだことでした。

スピリチュアル・アートの誕生

そんな大学生活も終盤を迎え、私も就職を考えなければならなくなりました。このときも守護霊とのやり取りがありました。

実は、就職活動を始める前に、私はある大手の新聞社から声をかけてもらっていました。

絵の描ける営業マンが欲しいということで、面接を受けたところ、入社試験で0点さえとらなければ合格と言われたのです。とても条件のよい会社だったので、「とりあえず入社して、そのあとで画家になればいいか」と思った途端、守護霊が「ダメだ！」と言ってきました。理由をたずねると、「スピリチュアルな思想は、将来、必ずその新聞社と衝突する」とのことでした。それでも「とにかく受けてみる」と答えると、またしても「徹底的にじゃましてやる」と言われました。

一般常識試験も面接も上々の出来で、これは大丈夫と思っていた矢先に、本当にじゃまが入りました、最後の論文の試験に取りかかろうとしたところで、突然、思考停止状態に陥ってしまったのです。その結果、自分でどんな論文を書いたのかもわからないままタイムアップとなってしまいました。そして合格発表の当日、大学受験の発表とまったく同じことが起こりました。手もふれていないのに、突然郵便受けがあいて、その新聞社の新聞だけがバサッと落ちたのです。そして、その瞬間、「ほら、落ちた。あのときと同じだろう？」という声が聞こえてきました。その日、新聞社から電話が入り、「申し訳ないが、今回はなかったことに……」ということでした。

結局、私は新宿にある広告デザイン会社に就職しました。画家にはならなかったわけですが、なぜかこのときは守護霊から反対されることはありませんでした。

その会社では、企画、デザイン、イラスト・アニメの制作、営業などの仕事に携わりました。そして、1989年に「この3年間で、社会人としてじゅうぶんな修行をした。そろそろ独立して、画家になりなさい」というメッセージを受けたのです。どうやら、広告会社でのさまざまな仕事は、画家になるために必要な要素として、守護霊が用意してくれたもののようでした。

そして、1990年、私は3年間勤めた会社を辞め、画家としてデビューしました。

画家として成功し始めた当初、私は自分の描く絵を「異次元アート」と命名し、宗教絵画の一種と説明していました。しかし、絵画の公募展で受賞する程度で、絵が売れ続けるという目標は、まったく達成できていませんでした。

「異次元アートというネーミングだとインパクトが弱いのかな?」と思い、新たなネーミングを考えていたのですが、守護霊から「時がきたらゴーサインを出すので、それまでは異次元アートのままでいい」と言われました。

そして、2004年に「時は熟した。スピリチュアル・アーティストを名乗りなさい」というインスピレーションが降りてきて、私の作品を「スピリチュアル・アート」とネーミングし、「スピリチュアル・アーティスト」を名乗ることになったのです。

話は前後しますが、画家になって2年後の1992年から、私は制作に入る前に、「これから描く絵画は、○○のエネルギーが出て、鑑賞者に○○の影響を与えられるよう、ご指導ください」と祈るようになりました。

すると、作品に明らかな変化が現れるようになりました。作品から強烈なエネルギーが出るようになり、作品を鑑賞している方々に、「はじめに」で紹介したような、さまざまな奇跡が起こるようになったのです。

以下に、そのいくつかの例を紹介しましょう。

「結婚できた」「亡くなった子供が語りかけてきた」「雲の上で女神と会話した」

2014年4月に、私は『ヴィーナスの神殿』という絵画を制作しました（作品は41ページを参照）。『ヴィーナスの神殿』は、『ヴィーナスの神殿・天界』『ヴィーナスの神殿・愛』『ヴィーナスの神殿・祝福』『ヴィーナスの神殿・プレアデス』『ヴィーナスの神殿・黎明』という5種類の絵画からなるシリーズ企画です。

きっかけは、アール・グラージュのパテントを持つ会社の社長から「女性に幸福を引き寄せる絵画を描いてください」と依頼があったことでした。

アール・グラージュとは、1990年代に仲埜和男《なかのかずお》氏により誕生した画期的なアートで、光と音楽の組み合わせにより、景色が変化する絵画を指します。たとえば、青空に映える富士山が、音楽を伴《ともな》いながら、刻々と夕焼け空の富士山に変化するのです。フランス語で「アール」は芸術、「グラージュ」はグラデーション（色調・明暗などの段階的変化）を指します。グラデーションのように絵が変化していくことから、このように名づけられました。

依頼を受けたときには、そういった限定的な効果を発揮する絵画なんて描けるものだろうかと思いました。しかし、すぐさま「描けるわよ！」とインスピレーションが降りてきました。その依頼を応援しようとしてくれたのは、天上界の女神たちでした。

女神は、洋の東西を問わず、世界中に存在します。世界的に有名な女神は、ボッティチェリの絵画『ヴィーナスの誕生』に描かれている美の女神アフロディーテでしょう。女神には、それぞれ自身を象徴する花（シンボル）が存在します。アフロディーテならバラ、聖母マリアなら白ユリ、日本の木花咲耶姫《このはなさくやひめ》ならサクラです。

『ヴィーナスの神殿・祝福』では、高次元の女神界に美の女神アフロディーテを象徴するバラ形の神殿があり、そこに世界中の女神が集まって、地上の女性の願いを審議し、かなえるシーンを描きました。

第1章
スピリチュアル・アートはいかにして生まれたか

バラ形の神殿の下にあるのは、仏教美術やキリスト教美術などにおいて、神仏や聖人の体から発せられるオーラを視覚的に表現した「光背《こうはい》」です。光背がバラ形の神殿を支える台座となっているのです。この光背は、『Ra Golden Wings』（作品は43ページを参照）に描かれている光背と同じものです。

眼下に見えているのは地球です。地表に浮き出ているハート形の光は、その中で絵を鑑賞している人が神仏に祈りを捧げていることを象徴しています。天から伸びている光は、女神たちがこの者の願いを成就させようと決めた瞬間に降りてきた「幸福のビーム」を象徴しています。

さて、私は降りてきたインスピレーションについて、必ず追跡調査をするようにしています。『ヴィーナスの神殿』のアール・グラージュ版が完成したとき、販売の担当になった女性はとても美しい方でしたが、彼氏いない歴が数年になるというので、「何か奇跡が起こったら報告してください」とたのんでおきました。すると、担当になってしばらくしてから、すてきな男性との出会いがあり、その数カ月後には結婚されたのです。

結婚した日は4月8日、お釈迦さまの誕生をお祝いする「花祭り」の日でした。私は「なるほど、バラ形の神殿が結婚を引き寄せるというシンクロニシティが起こったわけだ」

と納得しましたが、その報告を聞いた日に、『ヴィーナスの神殿』の完成日を調べて驚きました。なんと、ちょうどその1年前の4月8日だったのです。これには、『ヴィーナスの神殿』の導きによって二人が結ばれたと思わざるを得ませんでした。

もう一つの奇跡は、2016年11月に名古屋の個展において、『ヴィーナスの神殿』のアール・グラージュ版をお披露目したときに起こりました。

アール・グラージュは、特殊な演出を必要とするため、完全予約制により個室で鑑賞することになっています。その日は、午前中に6名の予約が入っていました。しかし、当日になって全員がキャンセルするという不可解な現象が起こったのです。

そこへ、とても美しい女性が入ってきました。作品の鑑賞室での紹介を担当する男性販売員のAさんは、「いま、6名のお客さま全員からキャンセルの電話が入りました。もったいないので、無料にいたしますから、よろしければ鑑賞していきませんか？　私が作品の解説をさせていただきます」といって、その女性を個室に案内しました。

何点かの作品の解説をして、『ヴィーナスの神殿』の番になった瞬間、二人に同時に電撃が走ったそうです。「この女性こそ私と結婚する方だ！」と、Aさんは、その思いを彼女に伝えました。すると、その女性も同じ思いを伝えてきたので、その場でデートに誘ったそうです。

翌日は、個展の最終日でした。会場に入ると、Aさんが近寄って来て、「先生だけに打ち明けます。私、結婚するかもしれません。昨日、お客さまをデートにお誘いして、結婚を申し込みました」と言うではありませんか。

「え？　お付き合いすることになるかもしれません、の間違いじゃないの？」と問い返すと、「いいえ、結婚を申し込みました。一日中、個展会場で仕事をしているので、明け方、近所の神宮でデートをして結婚を申し込みました」と言うのです。「いや、いや、いや、君、いったい何を言っているの？」と私が驚いていると、受付担当のBさんが大きな声で、「私、Aさんが名古屋の女性と結婚する夢を見ちゃった！」と言いながら会場に入ってきました。霊能者でもあるBさんに「それって何時ごろに見た夢なの？」と聞くと、「明け方に一度目が覚めて、二度寝したときに見た夢だから、午前4時ごろかな」と言います。そこで、Aさんに「何時ごろにプロポーズしたの？」と質問すると、彼は顔を赤らめて「確かに午前4時ごろです」と答えました。

その後、二人は無事に結婚し、幸せに暮らしています。

『ヴィーナスの神殿』が起こした奇跡は、前述のような恋愛や結婚にまつわるものだけではありません。

2015年8月に、福岡で販売会を開催したときのことです。販売会場で『ヴィーナスの神殿・祝福』を鑑賞していた女性が突然、号泣しだしたのです。私が「どうされましたか?」と声をかけると、彼女はこう答えました。

「私は幼いわが子を失い、何年も悲しみに打ちひしがれていました。それが、あの絵の中から、あの子の声が聞こえてきたのです」そして、

「あの子は言いました。『ママ、僕が死んじゃって何年もたっているのに、ずっと悲しんでいるよね。僕、ずっと見ているよ。ママ、もう悲しまないで。僕は天国で楽しく暮らしているから大丈夫だよ。それにママ、もう二度と赤ちゃんができないと思っているみたいだけど、もうすぐ弟がそっちに行くから、楽しみにしていてね』って。

私はあの子が亡くなってから数年間、もう二度と子供ができないのではないかと、ずっと不安でした。でも、あの子の声が聞こえたとき、本当に赤ちゃんが降りてきたのを感じました。姿は見えませんでしたが、確かにあの子の声でした。妊娠したらぜひ報告させてください!」と自信たっぷりに宣言して帰られました。

それから1カ月半後のことです。「あの子の弟が宿りました! 宣言どおりになりました!」と、彼女から喜びのメールをいただきました。

また、2018年8月に沖縄でミュージシャンのYANAGIMAN氏とともに講演販売会を開催したときには、まるでディズニー映画のようなファンタジーにあふれた奇跡が起こりました。

会場に展示していた『ヴィーナスの神殿』のアール・グラージュを鑑賞していた女性が、やはり突然、泣きだしたのです。不思議に思ったスタッフがたずねると、

「私、この絵、美しいなぁと思って、うっとりしていたのです。すると、急に景色が変わり、私は雲の上にいました。私のまわりにはたくさんの女神がいて、そのなかの一人が私に近づいてきて王冠をかぶせました。そして、私に『地上に戻ったら、いま体験していることをみなに伝えてください』と言ったのです。

こんな体験は初めてです。私、どうしちゃったのでしょう?」

そう言って号泣したのです。

スピリチュアル・アートを鑑賞しているときに幽体離脱をして女神と話をしたという、非常にめずらしいケースといえるでしょう。

ヴィーナスの神殿・祝福

2024年４月に制作した『ヴィーナスの神殿・祝福』。

『ヴィーナスの神殿』は、『ヴィーナスの神殿・天界』『ヴィーナスの神殿・愛』『ヴィーナスの神殿・祝福』『ヴィーナスの神殿・プレアデス』『ヴィーナスの神殿・黎明』の、５種類の絵画からなるシリーズ企画。

天上界の女神たちからのインスピレーションと応援を得て描き上げた、「女性に幸福を引き寄せる絵画」。

『ヴィーナスの神殿』では、高次元の女神界に美の女神アフロディーテを象徴するバラ形の神殿があり、そこに世界中の女神が集まって、地上の女性の願いを審議し、願いをかなえるシーンを描いている。

バラ形の神殿の下にあるのは、神仏や聖人の体から発せられるオーラを視覚的に表現した「光背《こうはい》」で、光背がバラ形の神殿を支える台座となっている。

眼下に見えているのは地球で、地表に浮き出ているハート形の光は、その中で絵を鑑賞している人が神仏に祈りを捧げていることを象徴している。天から伸びている光は、女神たちがこの者の願いを成就させようと決めた瞬間に降りてきた「幸福のビーム」を象徴している。

（オリジナル画のサイズは、86㎝×127㎝）

Ra Golden Wings
（ラ・ゴールデン・ウィングス）

『Ra Golden Wings』は、2008年に制作した『Wings of Victory』（ウィングス・オブ・ヴィクトリー）を、より精細で微妙な色調整をし、多くの神聖幾何学の図形とシンクロさせることで、絵から発せられるパワーを強化した作品（2020年9月完成）。

1992年から、作品の制作に入る前に「これから描く絵画は、〇〇のエネルギーが出て、鑑賞者に〇〇の影響を与えられるよう、ご指導ください」と守護霊に祈るようになり、以降、そのエネルギーを感じ取れる方々にさまざまな奇跡が起こるようになった。そして2006年に、守護霊から「そろそろ強烈なパワーを発する作品を見せる時期だ」と言われ、守護霊に私の精神力を鍛えられ、2年かけて完成させたのが『Wings of Victory』。

『Wings of Victory』には、「人を幸福にしようと思っている心清らかな人は、天使が応援してくれる。そして、その想いと天使の応援がうまくシンクロして、願いを成就した人は勝利する」という意味がある。作品コンセプトは「天使が祝福する光のVサイン」。

『Ra Golden Wings』では、中央に天使の翼と大きな太陽、その周囲に6個の小太陽という構図で、八芒星や六芒星、パルメット（古代ギリシャや古代エジプトで使われた植物形の図形）などの紋章を意図的に入れ直し、光背をクリスタル模様に描き直すことで、「天使が祝福する光のVサイン」をパワーアップさせた。

（オリジナル画のサイズは、134㎝×134㎝）

太陽神の王国

『太陽神の王国』は、2013年に制作した『太陽の王国２』の、パワーアップ・リニューアル版（2019年５月完成）。

2017年に初めて沖縄で個展を開催するにあたり、「沖縄は朱雀《すざく》や鳳凰《ほうおう》や龍神が守る島。沖縄で個展を開催するなら、必ず彼らを描いた絵を展示しなさい」という啓示を受け、展示した１点が、朱雀と太陽を中央にすえた『太陽の王国２』。

『太陽の王国２』の制作では、「いろいろな神が日本を守っている証拠となる絵にしなさい」というインスピレーションも降りてきて、朱雀、太陽とともに、日本の象徴である富士山を中央に描き、正義・戦闘の色である赤を背景にした。

『太陽神の王国』へのリニューアルでは、「宇宙の根本神につながる無限大に描き変えなさい」と守護霊から言われ、太陽の中心に無限大のマーク（∞）を入れ、リング（日輪）を三つにして、無限大のマークを３重の「トリプル日輪」とした。（※本書の縮小サイズでは見えません。）

霊峰富士より上昇する朱雀は、太陽神に守られ繁栄していく日出ずる国、日本を表している。それは、日和見《ひよりみ》主義的に得られる繁栄ではなく、悪を駆逐し善を推進する神仏と一体となった繁栄。神仏を信じる人が少ないと、この国を守ることはできない。そのため、『太陽神の王国』は、日本で神仏を信じる人をふやすという役割を持った作品。

（オリジナル画のサイズは、134cm×134cm）

黄金神の王国

『黄金神の王国』は、2013年に完成した『黄金の王国２』のパワーアップ・リニューアル版。（2019年６月23日完成）

2017年の沖縄での個展の前に「朱雀や鳳凰や龍神を描いた絵を展示しなさい」という啓示を受け、朱雀を描いた『太陽の王国２』とともに、鳳凰を描いた『黄金の王国２』もそのときに展示した作品。

『太陽の王国２』で描いた朱雀は戦闘性が強く、成功、勝利、発展、繁栄、悪魔撃退などのエネルギーが強い、中国の伝説上の神獣（神鳥）なのに対し、この『黄金神の王国』や『黄金の王国２』で描いた鳳凰は、中国の伝説上の霊獣で、癒やしの象徴。智慧と慈悲の戦士であり、世界を守護する女神ともいえる。

『黄金神の王国』の金色がかもし出す女性的でやわらかい雰囲気は、とくに心に傷を負っている人に好評を得ている。

強い朱雀と癒やしの鳳凰は、それぞれの特徴を生かしながら、対となって沖縄を守っているのかもしれない。

作品が完成した６月23日は、太平洋戦争末期に最後の激戦地となった沖縄戦の犠牲者の霊を慰め、世界の恒久平和を願う「慰霊の日」。守護霊によって、意図的に導かれたとしか思えない。

（オリジナル画のサイズは、134㎝×134㎝）

超・金剛亀
(Hyper Kongohki／ハイパーコンゴウキ)

『超・金剛亀（ハイパーコンゴウキ）』は、2015年９月に完成した作品。

「この絵が上手に描ければ、売れっ子の画家になれるよ」というインスピレーションが降りて、2012年に『金剛亀《こんごうき》』という絵を描き、その後、「金剛亀を束ねているハイパー金剛亀が存在する」というインスピレーションのもと、『超・金剛亀』を制作した。

2017年の沖縄初個展では、『金剛亀』も『超・金剛亀』も展示。

中国には、龍の頭と亀の体を持つ伝説上の「龍亀《ロングイ》」が、国家の長期にわたる繁栄と安泰を守る神獣として伝わるが、守護霊によると「宇宙の金剛亀の伝説が、中国の龍亀伝説に変わった」という。

龍亀のもう一つの特徴は尾羽《おばね》だが、守護霊によると、

「蓑亀《みのがめ》とは違い、金剛亀の尾羽は宇宙のダイヤモンドが1000個ほどついている文字どおりの尾羽。金剛亀は霊的な存在なので、空を飛ぶことができる。宇宙を旋回するときに尾羽についているダイヤモンドがぶつかり合うと、荘厳な鐘の音が宇宙に響く。その鐘の音とシンクロすることにより、富を引き寄せるという現象が起こる」。

（オリジナル画のサイズは、74cm×120cm）

Pleiades Opal
（プレアデス・オパール）

『ウルトラマン』や『ウルトラマンセブン』などを手がけた沖縄出身の脚本家、金城哲夫さんの魂と交信して、「鑑賞者がオリオンとプレアデスの守護神とシンクロできるスピリチュアル・アートを描いてください」というインスピレーションを受けて描いた一点が、この『Pleiades Opal』（2017年完成）。

プレアデス星人は、スピリチュアルに興味のある人の間では有名な宇宙人で、宝石を使用した魔法科学を利用。その宝石のなかで、オパールは戦闘に、エメラルドは癒やしに使われていると守護霊は言っている。

この作品は、インスピレーションに従い、中央にブラックオパールを描き、背景をエメラルドグリーンにした。ブラックオパールの宝石言葉には「威嚇」があり、エメラルドは「幸福」「幸運」「愛」「希望」で、エメラルドグリーンの色言葉が「癒やし」。

オパールの中には、実際にブラックオパールに光を当てたときの模様を描き、背景に描いた星の配置は、プレアデス星団の配置となっている。

『Pleiades Opal』を鑑賞した方々からは、「病気がよくなった」「涙が止まらない」「家の上空にＵＦＯが現れた」といった声が寄せられている。

（オリジナル画のサイズは、100cm×100cm）

Orion（オリオン）

金城哲夫さんからのインスピレーションを受けて描いた、もう一点の絵が『Orion』（2017年完成）。

オリオンは一つの惑星ではなく、オリオン座という広大な星座のこと。

絵の中央にある菱形のものは、上の部分がピラミッドで、下の部分がピラミッドの下にあるといわれている同じ形のピラミッド。「ピラミッドの地下には、地上と同じ形のものがあり、全体は8面体になっている」というインスピレーションが降りている。

一説によると、もともとこの形のＵＦＯがあり、その後、この形を模してピラミッドが造られたのではないかという。実際、8面体のＵＦＯが、世界のあちこちで撮影されている。

『Orion』では、ピラミッドの中央と四隅に、オリオン座を構成する二つの１等星α星（ベテルギウス）とβ星（リゲル）と、五つの２等星γ星、δ星、ε星、ζ星、κ星を配置している。

ピラミッドの上に輝く光は、宇宙の根本神、宇宙を創造した神を表している。日本が世界のキーとなる国ならば、そこを守る宇宙の神がいるというメッセージを込めて描いた作品。

この作品を鑑賞した人には、ＵＦＯやオリオン星人の魂との交流体験をした人が多い。

（オリジナル画のサイズは、100㎝×193㎝）

太陽神のセフィロト

天使から「オシリスの地下神殿で発見された『Flower of Life』と、カバラの『セフィロト』は、多次元宇宙の構造を示した設計図であり、異なる角度から表現した神聖幾何学模様でもある。この二つを融合した絵画を描きなさい」というメッセージを受けて、制作したのが『太陽神のセフィロト』（2018年５月完成）。

「Flower of Life」は、強烈なスピリチュアル・パワーを発揮する神聖幾何学模様、一方の「セフィロト」は、ユダヤ教神秘主義のカバラにおける概念で、宇宙万物を解析するための象徴図表。これらを組み合わせて描いた『太陽神のセフィロト』は、作者がこれまでに描いてきた絵画のなかで、最強のスピリチュアル・パワーを発揮する作品となった（2023年９月現在）。

『太陽神のセフィロト』を初披露したときには、「絵の奥の世界から明確なアドバイスを受けた」「絵の奥に故人が現れ会話した」などという方が続出したほか、信じがたいような奇跡を次々と起こしている（詳細は本文参照）。

（オリジナル画のサイズは、101㎝×101㎝）

【スピリチュアル・アート・カード】

スピリチュアル・アート・カードは、44 種類のスピリチュアル・アートを用いて制作したオラクルカードです。

オラクルカードとは、神託（天からのメッセージ）を受け取るためのカードのことです。

人生において何かに悩んだとき、困り事があったときにオラクルカードを使うと、その助けとなる神託を受け取ることができます。シンクロニシティ（意味のある偶然の一致）によって、今のあなたの悩みを解決するカギとなる適切なカードが引き寄せられるのです（くわしくは、第３章をご参照ください）。

（オラクルカードの詳細は、https://kiseki2022.jp/）

第2章

スピリチュアル・アートが起こした奇跡

本章では、これまでにスピリチュアル・アートを鑑賞した方々にどのような奇跡が起こったのかをご紹介していきましょう。

また同時に、本書カラーグラビアでは、近年の個展などで多くの奇跡を引き起こしているスピリチュアル・アートの絵画8点をピックアップして紹介しました。これらの作品にどのような思い・エネルギーを込めたのか、制作経緯を含めてくわしく解説するほか、各作品に関連してカメラに収めることのできた奇跡的な写真も紹介し、解説していきます。

なお、カラーグラビアのページに掲載した『ヴィーナスの神殿』の解説と、同作品が起こした奇跡については第1章に掲載しています。

Ra Golden Wings（ラ・ゴールデン・ウィングス）

『Ra Golden Wings』は、2008年8月に制作した『Wings of Victory』（ウィングス・オブ・ヴィクトリー）をパワーアップさせた作品です（作品は43ページを参照）。

第1章で述べたように、私は1992年から、作品の制作に入る前に「これから描く絵画は、○○のエネルギーが出て、鑑賞者に○○の影響を与えられるよう、ご指導ください」と守護霊に祈るようになり、それ以降、作品から強烈なエネルギーが出るようになって、作品を鑑賞してそのエネルギーを感じ取れる方々には、さまざまな奇跡が起こるようになりました。

そして2006年に、守護霊から「そろそろ強烈な作品を見せる時期だ」と言われて取りかかったのが、『Wings of Victory』でした。

ところが、その年の12月になって、守護霊から「この総合的なパワーを発する絵を完成させるには、相当なエネルギーが必要だが、いまのおまえの精神力では無理なので、1年間寝かしておけ。その間に、精神力を鍛えてあげよう」と忠告され、いったん、制作を中断することにしたのです。

守護霊は、私の精神力を鍛えるために、さまざまな難行苦行が私を襲っても、私がその原因に気づいて自分で解決できるまでは、放置するという厳しい指導をしてきました。

まずは、私とご縁のある人にトラブルが起こるという形から始まりました。最初は、私と間接的に関係のある方に事件が起こっていたのですが、だんだん事件の包囲網が私に直接関係がある方に近づいてきたのです。それが単なる偶然ではないと気づいたのは、放火事件が多発したときです。最初は、以前住んでいた世田谷の家の周辺で事件が起こっていたのですが、日が経つにつれ、火災現場がどんどん現在住んでいる家に近づいてきたのです。これは偶然ではないと気がついた私は、毎朝欠かさず「家族や知人が、今日も無事で元気でありますように」と熱心にお祈りを続けました。すると、数日後に犯人が逮捕され、放火事件はおさまったのです。

他にもここには書けないような事件がいくつか起こり、つらい日々が続きましたが、そのおかげで、確かに私の精神力はかなり鍛えられました。守護霊が伝えたかったのは、「祈りは時空を超えた物理的なパワーを持っている」

「喜怒哀楽、悲しみ、恐怖心にとらわれない不動心を培《つちか》いなさい」

ということでした。そして、2007年の年末に守護霊から「精神力が、昨年の倍くらい強くなったから描いてごらん」と言われ、制作を再開し、翌2008年に『Wings of Victory』が完成したというわけです。

タイトルのWings of Victoryには、「人を幸福にしようと思っている心清らかな人は、天使が応援してくれる。そして、その想いと天使の応援がうまくシンクロして、願いを成就した人は勝利する」という意味が込められています。作品のコンセプトは「天使が祝福する光のVサイン」です。

この作品を完成させてから、私のアーティスト活動はいっきに勢いを増していきました。まず、2009年に開催した聖路加《せいろか》国際病院での個展が、それまでにないほどの大きな反響を呼びました。

同病院は、故・日野原重明《ひのはらしげあき》名誉院長がアート好きだったからなのか、院内の廊下に数多くの絵画を飾っていました。たまたま同病院の職員の一人に私の作品のファンがいらして、日野原先生に推薦してくださり、2003年から定期的に個展を開催させていただいていました。

それまでも一定の評価をいただいていたからこそ定期的に開催できていたわけですが、2009年の個展の反響は、以前とは比較にならないほど大きなものがありました。というのも、個展会場を訪れた患者さんたちに、奇跡的な出来事が起こったのです。

◆病院の患者さんに起こった奇跡

その患者さんは、内臓疾患のために汗がほとんど出なくなった人でした。この方が『Wings of Victory』の前に立った途端に、全身から汗が噴き出してきたと言うのです。会場内でお会いしたときに「こんなに汗が出るようになったんですよ」と言って、汗まみれの顔や手を見せながら、お礼を言われました。

もう一人は、長年、精神科に通っていた患者さんです。この方の場合は、何回か私の個展会場に足を運ぶうちに、病状が徐々に軽快してきたということでした。

こうした評判は口コミなどで広がり、マスコミにも及んだようで、2010年7月には、スピリチュアル・アートが初めて雑誌で紹介されました（『ゆほびか』2010年9月号）。同誌の「奇跡の光が降り注ぐ宇宙の大樹の絵」と題された特集では、スピリチュアル・アートの成り立ちや数々の作品が紹介されたほか、医師やヨーガ・セラピストによる解説、「資産価値1億円以上の大豪邸に破格の家賃で住めた！」「恋人ができて長年の夢だった沖縄でのアーティスト生活実現！」「不景気なのに事業は右肩上がり！」といった体験手記も掲載されました。

そして、同年11月に開催した世田谷美術館における個展には、雑誌を読んだ数多くの方々が全国から来館されました。

また、翌2011年3月には、私の初の書籍『奇跡のスピリチュアル・アート』（マキノ出版）を上梓《じょうし》することができました。同書の表紙カバーには『Wings of Victory』が掲載されています。

さらに、同年11月には、聖路加国際病院における7回めの個展において、にわかには信じられないような奇跡が起こりました。脳梗塞《のうこうそく》（脳の血管がつまる病気）のために緊急入院した男性の血栓《けっせん》（血管内にできる血液のかたまり）がスピリチュアル・アートをきっかけに完全に消えたのです。

もちろん、緊急入院された男性は個展会場などには行けません。そのときは、入院の手続きを終えたご家族が病院を出ようとすると、院内のギャラリーから黄金の光が出ているのが見えたそうです。なんだろうと思って近づいてみると、光の中心に『Wings of Victory』があったと言います。直感的に「これはすごい！」と判断したご家族は、『Wings of Victory』のポストカードを数枚購入し、患者さんの病室のベッド周辺の壁に貼ったそうです。すると、翌日の再検査で男性の血栓がすべて消えていることが判明し、その日に退院できたというのです。

この話には後日談があります。数日後、一人の医師がいくらか憤慨した様子で個展会場にやって来たのです。病院できちんと検査をして診断した血栓がスピリチュアル・アートを飾っただけで突然消えたというのですから、信じられなかったのでしょう。その医師は「奇跡を起こした絵というのはどれなんだい？」と、多少揶揄《やゆ》するような感じで聞いてきました。そこで、『Wings of Victory』を展示している場所に案内したところ、その医師は固まったまま微動だにしません。「どうかしましたか？」とたずねると、その医師は振り向いて「この絵は普通じゃない。何かが出ている」と言ったのです。目を見るとうっすらと涙ぐんでいました。

◆広まる評判

そのほかにも、私のＳＮＳのサムネイル（名前と一緒に小さく表示される画像）に『Wings of Victory』を使ったところ、コメントをくださる方が増えたり、不思議なメッセージが続々と寄せられるようになったりしました。そのメッセージには、

「長年続いていた偏頭痛が消えた」
「うつ状態がらくになった」
「絵を見ていると体が熱くなり、体からたくさんの金粉が出てきた」
「服の上にたくさんの金粉が出てきた」
「ソファーや机や絨毯にも金粉が出ていた」
「金粉が出たが、しばらくすると消えていった」
「目を閉じていると見たことのない絵がたくさん見えてきたので不思議に思っていたが、個展にうかがったら、それがすべて新作として飾られていたので驚いた」

といったものがありました。

◆わがままな祈りも通じた

こうして『Wings of Victory』の起こす奇跡が全国的に評判を呼んだ結果、2012年6月には初めて大阪で個展を開催することになりました。

開催初日に現地入りしたものの、その日はあいにくの雨。調べてみると、個展期間中の天気予報はすべて雨でした。翌日には土砂降りになり、さすがに「これはまずい」と思った私は、その日の夜からお祈りをしました。

「スピリチュアル・アーティストとして、世の中の役に立てるよう努力しますから、個展期間中は、なるべく雨が降らないように助けてください。わがままなお願いで申し訳ありません。天気の神さまにもいろいろとご都合がありましょうから、雨天だとしても、せめて小雨、あるいは開催時間の11時から18時半は曇りにして、開催時間外を雨にしていただけると幸いです」と。

すると、関西全般に豪雨注意報が出ていたのにもかかわらず、会場周囲の町は晴れ、もしくは曇りとなり、開催時間終了後に豪雨となったのです。

こうして毎日祈った通りの状況が訪れたため、私はボランティアで受付をしてくださった方々から、「18時半から豪雨になるのではなくて、私たちが帰宅するまで雨が降らないように神さまに祈ってください」と、お願いされてしまったのです。

こんなわがままな祈りが通るのだろうかと不安に思いながらも、「もし許されるならば」と祈りを捧げたところ、翌日から全員が帰宅し終えるまで雨が降らなくなったのです。そして、個展の後半は、天気予報が見事にはずれ、毎日が晴れとなりました。そのとき、守護霊から「普通、こういったわがままな祈りは却下されることが多いが、社会貢献につながる仕事をしているときは、かなえられることもある」というインスピレーションが降りてきたのです。

その翌年の2013年10月には、名古屋で個展をすることになりました。この名古屋での個展は、アール・グラージュ版『Wings of Victory』の初披露でした。

第1章でもふれたように、アール・グラージュとは、1990年代に仲埜和男《なかのかずお》氏により誕生した画期的アートで、光と音楽の組み合わせにより、景色が変化する絵画です。

ところが、作品の搬入日に戦後最大級の台風27号が名古屋を直撃するという予報が出てしまいました。スタッフは「去年と同じようにお祈りをすれば、また神さまが助けてくれるのでは？」などと能天気なことを言ってきます。祈りは却下されることも多いので、ダメでもともとという気持ちで、前年と同じように祈ったところ、突如、愛知、岐阜、三重県上空の台風に穴が開き、その地域だけが晴れてきたのです。そして、翌日の個展初日は、突如出現した台風28号が27号を牽引して東北に行ってしまったので、名古屋は快晴となりました。

左の写真は、ファンの方が個展の搬入日に送ってくださった天気予報の画面です。モノクロなのでわかりづらいかもしれませんが、関西全域が雲におおわれて、大量の降水予報が出されていたにもかかわらず、愛知、三重、岐阜の3県は晴れているのがわかります。これが、神さまが起こしてくださった現象なら、本当にありがたいことです。

その『Wings of Victory』をさらにパワー・アップさせるために、2020年9月に完成させたのが、本書に掲載した『Ra Golden Wings』です（43ページを参照）。

リニューアルにあたっては、422メガバイトだった作品を9ギガバイトの作品に修正しています。私は1999年から、それまで絵の具で描いていた絵画を、CG（コンピュータ・グラフィックス）を使って描くようになりました。これにより、絵の具で描いていたころにはできなかった微妙な色調整ができるようになり、神聖幾何学（生命誕生のパターンなどの聖なる要素を見出す幾何学模様）を網羅し、神聖幾何学とまわりの色を絶妙にシンクロさせることで、絵から発せられるパワーを強化することに成功したのです。

『Ra Golden Wings』では、中央に天使の翼と大きな太陽、その周囲に6個の小太陽という構図は維持しつつ、八芒星《はちぼうせい》（八つの角を持つ星形多角形）、六芒星（六つの角を持つ星形多角形）、パルメット（古代ギリシャや古代エジプトで使われた植物形の図形）などの紋章を意図的に入れ直し、単なる模様として描いていた光背《こうはい》（仏教美術やキリスト教美術などにおいて、神仏や聖人の体から発せられる光明を視覚的に表現したもの）をクリスタル模様に描き直しました。

◆空に現れた光のVサイン

光のVサインは、『Ra Golden Wings』の元絵である『Wings of Victory』に関連して撮れた奇跡の写真です。

2013年9月3日のことです。名古屋の個展を前に、私は都内のレストランで、『Wings of Victory』をアール・グラージュ版にするための契約を交わしていました。アール・グラージュの代理店の社長が、スピリチュアル・アートをいたく気に入ってくださり、ぜひ契約してほしいと言われ、そのレストランで契約を交わすことになったのです。

さて、契約書に署名捺印をし、無事に契約が成立した瞬間に、「おめでとう。外に出て空を見てごらん。天使が祝福しているよ」というインスピレーションが降りてきました。

そこで、レストランの外に出て空を見上げると、巨大なV字形の光が空いっぱいに広がっているではありませんか。私は夢中で写真を撮りまくりました。73ページの写真はそのなかの1枚です。

そのとき、「そういえば、『Wings of Victory』のコンセプトは『天使が祝福する光のVサイン』だった」と気づき、身震いしたものです。

この光のVサインには、レストランの周辺にいた人たちも気づいたようで、「すごい!」「きれい!」といいながら、たくさんの人たちが写真を撮っていました。

太陽神の王国

『太陽神の王国』は、2013年7月に制作した『太陽の王国2』を、2019年5月にリニューアルしたものです（作品は45ページを参照）。

2017年に初めて沖縄で個展を開催するにあたって、「沖縄は朱雀《すざく》や鳳凰《ほうおう》や龍神が守る島。沖縄で個展を開催するなら、必ず彼らを描いた絵を展示しなさい」という啓示を受け、展示したうちの1点が、中国の伝説上の神獣である朱雀と太陽を中央にすえた『太陽の王国2』でした。「2」とあるのは、それ以前、確か2002年に、『太陽の王国』というタイトルの作品を描いていたからです。したがって、『太陽神の王国』は、その第3弾ということになります。

◆太陽神信仰の源流

世界中に太陽神信仰があります。太陽神信仰の源流は、約1万数千年前に太平洋上に存在したムー文明において、王　ラ・ムーが説いた教えにあるといわれています。ムー大陸が海中に沈んだときに逃れた人々が、アトランティスや日本、ベトナム、中国、インカなどに散らばり、その教えを伝承していったそうです。そのため、世界には太陽神を信仰する宗教が数多く存在するのです。

日本で最初に太陽信仰を説いたのは、一般的には、天照大神《あまてらすおおみかみ》といわれていますが、さらに遡《さかのぼ》る太古の富士王朝神話に登場する天御祖神《あめのみおやがみ》が源流のようです（富士王朝神話のほうがムーの神話より古いという説もあります）。天御祖神は、超古代の日本の神さまで、天照大神の親神にあたる宇宙から飛来した宇宙神といわれています。古事記や日本書紀よりも古い「ヲシテ文献」に記されていますが、あまりに古すぎて信憑性に欠けるということで、ほとんどの学者は無視をしているので、聞いたことのない方も多いと思います。

このヲシテ文献には、「大宇宙の根源神・天御祖神は自身の性質を人間に与えた」と書いてあるそうです。これは、聖書の創世記第1章の「神はいわれた。われわれにかたどり、われわれに似せて、人を造ろう」（26節）、「神はご自分にかたどって人を創造された。神にかたどって創造された。男と女に創造された」（27節）に相当します。

日本神道とユダヤ教は同祖であるという「日ユ同祖論」があります。これに関連する話ですが、伊勢神宮の遷座《せんざ》伝承地（天皇または神体・仏像の座を他の場所に移す地）の一つである籠《この》神社の82代宮司を務めた海部光彦《あまべみつひこ》氏は、近年、それまで極秘であった裏家紋を公開しました。籠神社の奥の院である「真名井《まない》神社」の石碑にきざまれた裏家紋は、なんとダビデ王の紋章である六芒星だったのです。

日本古来の籠目紋《かごめもん》は六芒星です。そして、「伊勢神宮暦」は他の神社の暦と違って、ヘブライ暦（ユダヤ暦）と一致しています。つまり、日本神道における宇宙創造の神「天御祖神」と聖書の創世記第1章に登場する創造主「エローヒム」は、同じ存在かもしれないのです。今後、ヲシテ文献の解析が進めば、天御祖神とエローヒム、そして、超古代の高度文明「富士王朝」の秘密が明らかになるかもしれません。

世界の神話に関する文献を数多く研究すると、仏教の「大日如来」、ゾロアスター教の光の神「アフラ・マツダー」、キリスト教の創造主「エローヒム」、イスラム教の神「アッラー」、エジプト神話など、太陽神、光の神、創造主と呼ばれている存在は、名前と姿を変えた同じ存在、大宇宙の根本神（根本仏）である可能性が濃厚であることがわかります。要するに、「ウチの神さまだけが本物で、他の宗教の神さまはみな悪魔だ！」といって戦争をするのは、もうやめましょうということです。

空に現れた光のＶサイン（本文は68ページ）

◆いろいろな神が日本を守っている

『太陽の王国2』を制作するときには、「いろいろな神が日本を守っている証拠となる絵にしなさい」というインスピレーションも降りてきました。そこで、朱雀、太陽とともに、日本の象徴である富士山を中央に描き、正義・戦闘の色である赤を背景に使いました。

『太陽神の王国』へとリニューアルするにあたって、太陽の中心に無限大のマーク（∞）を入れました。最初は「μ（ミュー）」というギリシヤ文字を入れたのですが、守護霊から「宇宙の根本神につながるから無限大に描き変えなさい」と言われ、そのように修正しました（本書の小さいサイズの印刷では見にくいかもしれませんが）。また、リング（日輪）が三つになっているのは、無限大のマークを3重の「トリプル日輪」としたためです。

霊峰富士より上昇する朱雀は、太陽神に守られ繁栄していく日出ずる国、日本を表しています。それは、日和見主義的に得られる繁栄ではなく、悪を駆逐し善を推進する、神仏と一体となった繁栄です。神仏を信じる人が少ないと、この国を守ることはできません。そのため、『太陽神の王国』は、日本で神仏を信じる人をふやすという役割を持った作品です。

◆那覇空港に現れた朱雀形の光

朱雀形の光は、『太陽神の王国』の元絵である『太陽の王国2』に関連して撮れた奇跡の写真です（76ページを参照）。

2017年8月29日、初めての沖縄での個展が無事に終了し、私は帰路につくことにしました。那覇空港までは、沖縄に残るスタッフが車で送ってくれました。

搭乗時間が近づき、私はスタッフと別れのあいさつを交わして、飛行機に乗り込みました。そして、ちょうど東京に向けて飛行機が離陸したときに、スタッフが空を見ると、朱雀形の光が現れたのです。

沖縄の個展では、インスピレーションに従って、朱雀を描いた『太陽の王国2』を展示していました。そのため、『太陽の王国2』に描かれた朱雀に酷似した形に感動したスタッフが撮ったのが、この写真というわけです。

スタッフとともに、朱雀も無事を祈って見送ってくれたのでしょう。

黄金神の王国

『黄金神の王国』は、2013年7月に完成した『黄金の王国2』のリニューアル版として、2019年6月23日に生まれ変わったものです。(作品は47ページを参照)

前項で、2017年の沖縄での個展の前に「朱雀や鳳凰や龍神を描いた絵を展示しなさい」という啓示を受け、朱雀を描いた『太陽の王国2』を展示したエピソードを紹介しました。鳳凰を描いた『黄金の王国2』も、そのときに展示した作品のうちの1点です。

『太陽の王国2』で描いた朱雀は戦闘性が強く、成功、勝利、発展、繁栄、悪魔撃退などのエネルギーが強い、中国の伝説上の神獣(神鳥)なのに対して、この『黄金神の王国』

那覇空港に現れた朱雀形の光（本文は74ページ）

や『黄金の王国2』で描いた鳳凰は中国の伝説上の霊獣で癒やしの象徴です。智慧と慈悲の戦士であり、世界を守護する女神ともいえるでしょう。

手《て》塚《づか》治《おさ》虫《む》先生の漫画『火の鳥』（フェニックス）のような存在を想像するとわかりやすいかもしれません。金色がかもし出す女性的でやわらかい雰囲気は、とくに心に傷を負っている人に好評でした。

強い朱雀と癒やしの鳳凰は、それぞれの特徴を生かしながら、対《つい》となって沖縄を守っているのかもしれません。

レイモンド・チャンドラーの小説『プレイバック』で、主人公のフィリップ・マーロウが語った「男は強くな

見送りに現れた鳳凰雲の群れ（本文は78ページ）

ければ生きていけない。やさしくなければ生きていく資格がない」という名台詞に通じるものを感じます。

リニューアルした『黄金神の王国』は、本来は6月22日に完成する予定でした。ところが、色の状態を見る最終チェックをしていたときに、突然、プリンターが原因不明の故障を起こし、翌23日の完成となったのです。調べてみたところ、6月23日は「慰霊《いれい》の日」で、太平洋戦争末期に最後の激戦地となった沖縄戦（住民を巻き込んだ激しい地上戦の結果、20万人以上が亡くなった）の犠牲者の霊を慰め世界の恒久平和を願う日でした。

沖縄で開催する個展に関係する作品が、慰霊の日に完成するとは、意図的に導かれたとしか思えません。

◆見送りに現れた鳳凰雲の群れ

前ページの鳳凰雲の群れのような奇跡の写真は、『黄金神の王国』の元絵である『黄金の王国2』を展示した沖縄での2度めの個展が終了したあとに撮られました。

2018年9月3日、個展が終了し、東京に帰るときのことです。那覇空港で飛行機に搭乗する直前に、「そういえば去年は朱雀形の光が出たな」と思って、「さようなら沖縄！また会える日を楽しみにしています」と心の中で祈りました。そして、空港施設からガラス越しに空を見上げたところ、今度は鳳凰の形をした雲が現れたのです。

しかも、同じような形の雲が単体ではなく、あたかも群れをなすように何体もそこにいて、那覇空港の上空をおおいつくすようでした。

それは「今年も来てくれてありがとう。また来年も来てね」と語りかけてくれているようでした。

超・金剛亀（Hyper Kongohki／ハイパーコンゴウキ）

『超《ハイパー》・金剛亀《コンゴウキ》』は、2015年9月に完成した作品です。（作品は49ページを参照）「この絵が上手に描ければ、売れっ子の画家になれるよ」というインスピレーションが降りてきて、2012年の5月に『金剛亀《こんごうき》』という絵を描きました。その後、「金剛亀を束ねているハイパー金剛亀が存在する」というインスピレーションが降りてきて、『超・金剛亀（Hyper Kongohki）』を描いたというわけです。

2017年に初めて沖縄で個展を開催したときには、『金剛亀』も『超・金剛亀』も展示をしました。

◆沖縄との不思議なご縁

そもそも、なぜ沖縄で個展を開催することになったかというと、これには私が子供のころに大好きだった『ウルトラマン』や『ウルトラセブン』などを手掛けた沖縄出身の脚本家、金城哲夫《きんじょうてつお》さん（1976年没）が関係しています。

2016年のことだったと記憶しています。

「中国が不穏な動きをしているが、このままでは沖縄が大変なことになる。スピリチュアル・アートの奇跡を引き寄せるパワーを高めるために、金城哲夫さんからインスピレーションを受けられるように祈りなさい。彼は宇宙の優秀な魂《たましい》。彼との交信に成功すれば、スピリチュアル・アートはさらなるパワーを発揮できるようになるだろう」というインスピレーションが降りてきたのです。

そこで私は、毎日欠かさず金城哲夫さんの魂にお祈りをすることにしました。すると、その翌週から、ある動画配信サービスで『ウルトラマン』と『ウルトラセブン』と『帰ってきたウルトラマン』が無料で見放題となりました。そして、動画を視聴しながら「やはり金城さんは天才だなあ」と感動していたところ、

「金城です。趣旨は了解しました。鑑賞者がオリオンとプレアデスの守護神とシンクロできるスピリチュアル・アートを描いてください。沖縄で個展を開催できるように手配をするので、沖縄をよろしくお願いします。必ず招待します!」

というインスピレーションが降りてきたのです。

ここからはトントン拍子でことが運びました。その翌週に、沖縄のファンの方から「沖縄で個展と講演会をしてください」という連絡が入り、すべてをプロデュースしてくれた

「神の島」の上空に現れた龍亀形の雲（本文は82ページ）

龍亀の置物（本文は82ページ）

のです。

それだけではありません。その方が懇親会用に予約してくれた店が、金城さんのご実家が経営する料亭だったのです。もちろん、プロデュースしてくれた方は、私と金城さんとの関係は知る由《よし》もありません。私は、金城さんが最後におっしゃった「必ず招待します！」という言葉は「沖縄に招待します」という意味だと思っていたのですが、「私の実家に招待します」という意味だったことを知り、びっくりしました。

懇親会当日には、金城さんの身内の方が金城哲夫資料館を案内してくださり、私は感謝と感激の気持ちでいっぱいになりました。

◆龍亀の雲

前ページの龍亀《ロングイ》の雲は、『超・金剛亀（Hyper Kongohki）』に関連して撮れた奇跡の写真です。

インスピレーションに従って、最初に『金剛亀』を描いたとき、実は、私は金剛亀というものを知りませんでした。そこで、絵を描き終えてからパソコンで検索してみましたが、該当するものはありませんでした。

そのなかで、唯一ヒットしたのが、亀の置物の画像でした。調べてみると、それは中国に古くから伝わる「龍亀」という伝説上の生き物でした。龍亀は、文字どおり、龍の頭と亀の体を持ち、国家の長期にわたる繁栄と安泰を守る神獣として崇《あが》められてきたそうです。守護霊は「宇宙の金剛亀の伝説が、中国の龍亀伝説に変わったのだと思う」と言ってきました。81ページの下の写真は、2022年に入手した龍亀の置物です。

ちなみに、最近になって再び「金剛亀」をパソコンで検索してみたところ、『ファイナルファンタジー13』というゲームのキャラクターとして「最強の金剛亀『龍亀』」が登場していました。

さて、2017年8月28日のことです。沖縄での個展も無事に成功したため、そのお礼のために、私はスタッフとともに、沖縄最大の聖地・久高島《くだかじま》へ参拝に行きました。ここは、琉球創世神のアマミキヨが降り立ったといわれる「神の島」と呼ばれるところです。すると、久高島の上空に龍亀形の雲が出現したのです（81ページ上の写真）。龍亀の特徴である小判を踏み締めている姿まで再現されており、厳粛な思いで頭を下げました。

ちなみに、龍亀のもう一つの特徴は、尾羽《おばね》がついていることです。守護霊からは、「背中に蓑《みの》を羽織ったように見える、長寿を象徴する蓑亀《みのがめ》がいるが、あれは甲羅に藻がたくさん生え、藻が尻尾のようになった亀である。金剛亀の尾羽はそれではなく、宇宙のダイヤモンドが1000個ほどついている文字どおりの尾羽である。蓑亀を祀《まつ》っている神社は多々あるが、金剛亀はそれらとは異なる。龍亀の尻尾にも羽根のようなものがついているが、これも藻ではなく、尾羽の一種である。

金剛亀は霊的な存在なので、空を飛ぶことができる。宇宙を旋回するときに尾羽についているダイヤモンドがぶつかり合うと、荘厳な鐘の音が宇宙に響く。その鐘の音とシンクロすることにより、富を引き寄せるという現象が起こるのだ」

と説明されました。

そこで、東京に帰ってから、尾羽のついた亀について調べたところ、日本全国に尾羽のついた亀を祀《まつ》る神社のあることがわかりました（一般的には「狛亀」と呼ばれているようです）。その一つに、東京の亀有香取神社がありました。そこで2019年ごろに、亀有神社にお参りに行ったところ、神様から「いまごろ来たのか」と言われてしまいました。

Pleiades Opal（プレアデス・オパール）

前項で紹介した金城哲夫さんから「鑑賞者がオリオンとプレアデスの守護神とシンクロ

できるスピリチュアル・アートを描いてください」というインスピレーションを受けて描いた一点が、『Pleiades Opal』です（作品は51ページを参照）。

プレアデス星人は、スピリチュアルに興味のある人の間では有名な宇宙人で、宝石を使用した魔法科学を利用しているといわれています。その宝石のなかで、オパールは戦闘に、エメラルドは癒やしに使われていると守護霊は言っています。

この作品は、インスピレーションに従い、中央にブラックオパールを描き、背景をエメラルドグリーンにしました。

絵を描き終えたあとに調べたところ、ブラックオパールの宝石言葉には「威嚇」がありました。エメラルドの宝石言葉は

葉巻形母船を見つめるウサギ形の雲（本文86ページ）

「幸福」「幸運」「愛」「希望」で、エメラルドグリーンの色言葉が「癒やし」でした。

オパールの中に描いた模様は、実際にブラックオパールに光を当てたときの模様です。また、背景に描いた星の配置は、プレアデス星団の配置どおりになっています。

沖縄の個展では、『Pleiades Opal』を鑑賞した方々から、「病気がよくなった」「涙が止まらない」「家の上空にＵＦＯが現れた」といった声が寄せられました。そのほかにも、『Ra Golden Wings』が引き寄せる奇跡現象と同じものが起こっているそうです。

◆葉巻形母船の夕空とそれを見つめるウサギ形の雲

『Pleiades Opal』の完成後に撮れたのが、葉巻形母船の夕空とそれを見つめるウサギ形の雲の写真です（85ページを参照）。

２０１７年7月18日、関東地方の広範囲に、ＵＦＯの葉巻形母船のような夕焼けの穴が現れました。葉巻形母船のように見えるものは雲ではなく、夕焼け空にポッカリと空いた穴なのです。この現象は、関東地方全体で見られて、たくさんの写真が撮られてＳＮＳなどに上げられていました。

私もすぐに写真を撮りましたが、写真をよく見て、さらに驚きました。民家のテレビアンテナの上に座ったウサギ形の雲が、葉巻形母船を見つめていたのです。

私には、このウサギが夜空を見上げて月に想いを馳せる、かぐや姫のように見えました。

ちなみに、『竹取物語』には、光る雲に乗って牛車《ぎっしゃ》がかぐや姫を迎えに来る場面があります。このとき、かぐや姫を守るために配備されていた兵士たちは、屋根の上で弓を取り、矢をつがえようとしますが、体がしびれて動けなくなったシーンが描かれています。一説によりますと、「光る雲は、宇宙船ではないか」といわれています。

Orion（オリオン）

金城哲夫さんからのインスピレーションを受けて描いた、もう一点の絵が『Orion』です（作品は53ページを参照）。

オリオンは一つの惑星ではなく、オリオン座という広大な星座です。

絵の中央にある菱形のものは、上の部分がピラミッドで、下の部分がピラミッドの下にあるといわれている同じ形のピラミッドです。「ピラミッドの地下には、地上と同じ形のものがあり、全体は8面体になっている」というインスピレーションが降りている霊能者は多数います。私の友人でサイキック・ブロガーである洪《おおみず》正幸《まさゆき》さんもその一人です。

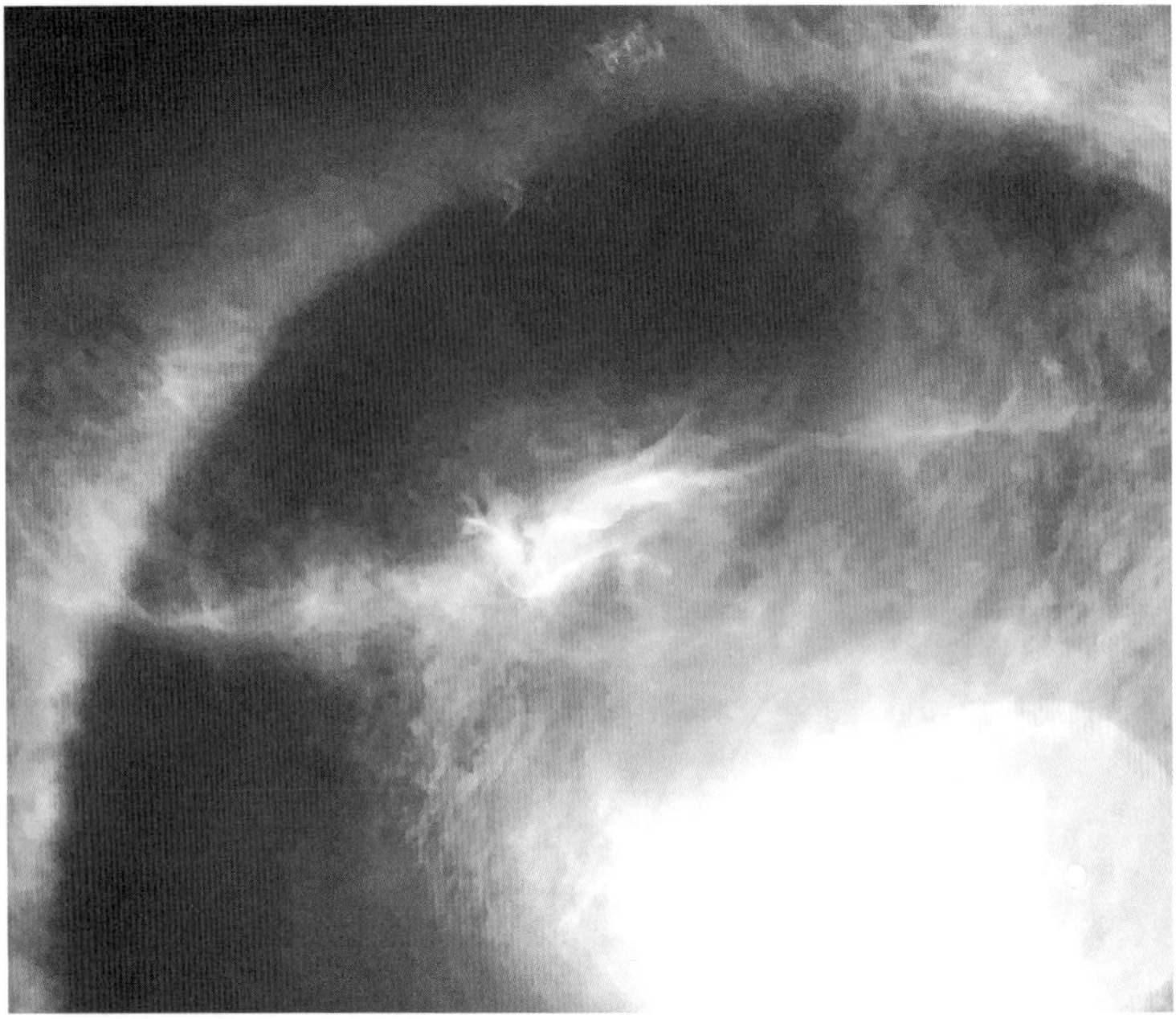

「夏越の大祓」の日に現れた日輪と光る鳳凰形の雲（本文は98ページ）

　一説によると、もともとこの形のＵＦＯがあり、その後、このＵＦＯの形を模してピラミッドが造られたのではないかといわれています。実は、８面体のＵＦＯは、世界のあちこちで撮影されているのです。

『Orion』では、ピラミッドの中央と四隅に、オリオン座を構成する二つの1等星α《アルファ》星（ベテルギウス）とβ《ベータ》星（リゲル）と、γ《ガンマ》星、δ《デルタ》星、ε《イプシロン》星、ζ《ゼータ》星、κ《カッパ》星の五つの2等星を配置しています。ピラミッドの上に輝く光は、宇宙の根本神、宇宙を創造した神を表しています。日本が世界のキーとなる国ならば、そこを守る宇宙の神がいるというメッセージを込めて描きました。

『Orion』が完成したのは、2017年7月。その年に、私は沖縄と名古屋と東京で個展を開催しました。そして、アール・グラージュの本社の企画で、長崎のハウステンボスでも展示会と講演会を開きました。

そこで、あり得ない事件が起こりました。ハウステンボス美術館の裏に住吉三神《すみよしさんじん》（底筒《そこつつ》之《の》男命《おのみこと》・中筒《なかつつ》之《の》男命《おのみこと》・表筒《うわつつ》之《の》男命《おのみこと》）を祀る住吉神社があります。住吉三神は、禊祓《みそぎばら》えの神、航海の神、和歌の神であり、「オリオン座の三つ星」に由来しています。

さて、企画が無事に終了し、私が東京に帰宅した翌日、ときどき住吉神社にお参りに行っていたスタッフから次のような連絡がありました。

「綾小路先生の講演会が行われた日に、住吉神社を参拝したところ、目を閉じたときに長細い二つの光が見えました。今朝も神社の参拝後にハウステンボス美術館に向かったのですが、ふだんは体から外すことのないハウステンボスの通行証を、なぜか神社に置いてきてしまったので、これは戻って来なさいということなのかなと思い、神社に戻りました。戻る途中で、神社から少し離れた場所にある謎の鳥居をくぐりました。その鳥居の先には川しかないので、何のために建てられたのか、まったく謎の鳥居です。その鳥居をくぐるときに目を閉じると、住吉神社を参拝したときと同じ光が見えました。そして、しばらくボーッとしていたら、目の前の景色がグワッとゆがんだのです。

それは数秒間の出来事でしたが、異次元空間に迷い込んだのかと思えるほどの強烈な体験でした。いったい、私に何が起こったのでしょうか？」

この報告を受けて、ある記憶が脳裏をよぎりました。ある集まりで、一人の霊能者から、「これからしばらく、過去世《かこぜ》（この世に生まれる以前に生を受けていた世）においてオリオン星系で活躍した魂が、綾小路さんのもとに集ってくるでしょう。彼らはエジプト文明の最盛期に活躍していた魂でもあります」と予言されたのです。

そのときは、何を言われているのかがまったくわかりませんでした。ところが、その数週間後、東京の代官山で開催した個展に、「初めまして。私は過去世でオリオン星人だった者です。エジプト文明にもご縁が深いのです」と名乗る方が10名もいらっしゃったのです。しかも、個展会場の隣はエジプト大使館でした。

そして、最後に訪れた方は、オリオン星人が差し向けたギャグだったのか、「沖縄からまいりました。お土産にオリオンビールをお持ちしました」とおっしゃったのです。その場にいた自称・元オリオン星人の人たちは大爆笑していましたが、当のご本人は「私、何かおかしなことを言いましたでしょうか?」と、キョトンとしていました。

◆新幹線に乗った私を追いかけてきたUFO

2017年に開催した沖縄、名古屋、東京の個展では、神秘的な現象が相次ぎました。いずれの会場の上空にもUFOが現れたほか、絵を鑑賞中に魂を天上界に引き上げられ、「いま体験していることを地上のお客さまに伝えなさい」と言われて戻ってきた方もいました(実際には肉体はその場にありました)。その方は、われに返った途端に号泣してしまいました。

その年の12月31日、私は次の作品の制作のために、北陸新幹線に乗って金沢へ取材旅行に向かいました。新幹線が群馬県のどこかを通過したときのことです。UFOが擬態《ぎたい》しているとしか思えない雲が突然、新幹線の窓の外に現れたのです。

ふだんはUFOの類の話をまったく信じない同行していた家族までもが、「UFOだ! 早く写真を!」と騒ぎましたが、スマホを取り出した瞬間に新幹線がトンネルに入り、写真を撮ることができませんでした。それがまた実に長いトンネルで、通過するまでにかなりの時間がかかりました。

新幹線の私を追いかけてきたUFO

「これはもう無理だな。もったいないことをした」とあきらめかけていたときに、やっとトンネルを通過しました。すると、窓の外にまだ、ＵＦＯ形の雲が寄り添うように浮かんでいるではありませんか。慌てて撮ったのが、上の写真というわけです。

念のため、本書執筆にあたり調べてみたのですが、このときのトンネルが「秋間トンネル」だとすると、その雲は８キロ以上も新幹線を追いかけてきたことになります。ＵＦＯが何かメッセージを伝えようとしているのでは、と考えずにはいられませんでした。

ＵＦＯはしばらくの間、新幹線のそばを離れず、その後、いつの間にかいなくなっていました。残念ながら、ＵＦＯが伝えようとしたメッセージの内容は解明できませんでしたが、強烈な体験として、いまも私の中に残っています。

その2日後、私は石川県小松市の安宅住吉神社を参拝する機会を得ました。そこで、ふと神社の上空を見上げると、上空の比較的薄い雲がその縁に沿うように赤、黄、緑などの色に分かれて見える「彩雲《さいうん》現象」が起こっていました。とても美しい風景だったので、スマホで写真を撮っていたところ、あることに気づきました。よく見ると、太陽の下の雲（黒い影の部分）に龍神のシルエットが映っていたのです（左の写真）。目も鼻も口も歯も舌も、うっすらですが見えています。「どこかで見たことがあるシルエットだな」と思い、記憶をたどっていたら、映画『ネバーエンディング・ストーリー』に登場する竜のファルコンにそっくりなことに気がつきました。

そういえば、友人の霊能者が「綾小路さんのイベントのときに、よく空に奇跡が起こります。その奇跡を起こしているのは、綾小路さんを応援している龍神

彩雲現象の下に現れた龍神のシルエット

たちです。そのなかにはファルコンにそっくりな龍神もいます」と言われたことを思い出しました。

それから約2カ月が経過した2018年3月、私は日光東照宮《にっこうとうしょうぐう》に取材に行きました。東照宮の薬師堂（輪王寺）の天井には、狩野永真安信《かのうえいしんやすのぶ》によって描かれた、巨大な龍の水墨画があります。「この龍の顔の下で拍子を打つと、音が共鳴して鈴を転がしているような龍の鳴き声に聞こえるため、鳴き龍と呼ばれています」と解説をしている僧侶のそばに近寄ったときのことです。その僧侶が、なぜか私にこっそりと耳打ちをしたのです。

「日光東照宮の配置は、滝尾《たきのお》（瀧尾）神社、外山《とやま》、釈迦堂、本宮《ほんぐう》などでオリオン座を形成している」と。

なぜ、私だけにオリオンの話をと不思議に思い、帰宅後に友人に話をしたところ、「日光東照宮の神主や輪王寺の僧侶のなかには、神仏と話ができる方がおり、霊的な使命のある人間が東照宮を訪れると、必要なことを教えてくれることがある」と教えてくれました。これは、その友人が東照宮の神主に確認した話だそうです。

太陽神のセフィロト

ビジネスコーチングの一環として、ネガティブな想念などから解き放ってくれる水間《みずま》涼《りょう》先生から退行催眠を受けたときのことです。

「オシリスの地下神殿で発見された『Flower of Life』（左図を参照）と、カバラの『セフィロト』（次ページの図を参照）は、多次元宇宙の構造を示した設計図であり、異なる角度から表現した神聖幾何学模様でもある。この二つを融合した絵画を描きなさい」

と天使から言われました。そして、その言葉に従って、2018年5月に完成させたのが、『太陽神のセフィロト』です（作品は55ページを参照）。

「Flower of Life」は、強烈なスピリチュアル・パワーを発揮する神聖幾何学模様で、世界中の科学者や企業が研究し、この模様を使

Flower of Life

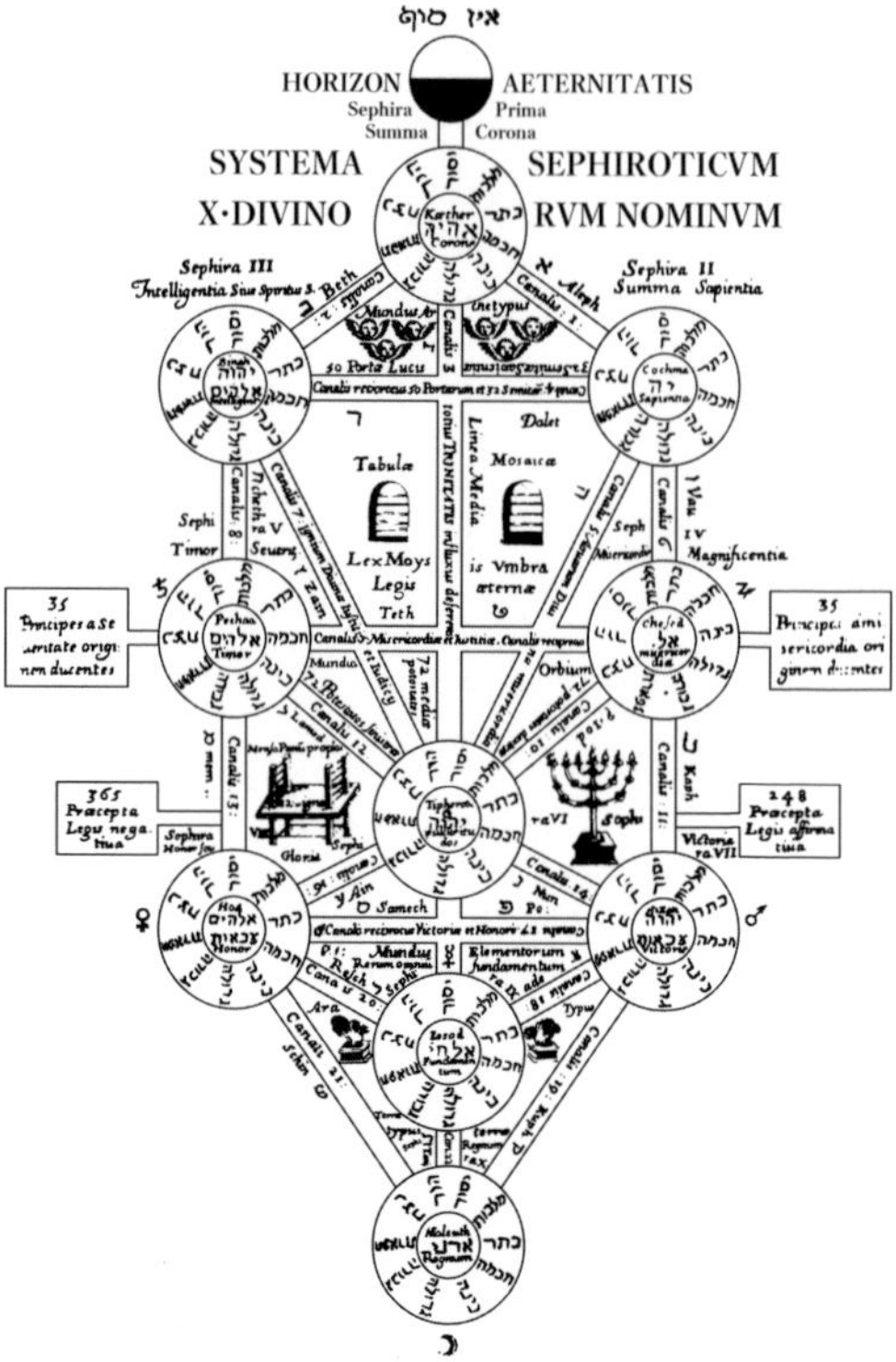

カバラの『セフィロト』

ったグッズを開発しています。一方の「セフィロト」は、ユダヤ教神秘主義のカバラにおける概念で、宇宙万物を解析《かいせき》するための象徴図表、つまり宇宙万物の関係を1枚の図にしたものです。

私はもともと催眠術にかかりにくい体質でしたが、水間先生の退行催眠ならばできるのではないかと思い、実際に受けたところ、天使から前述のようなメッセージを受けたというわけです。

「Flower of Life」と「セフィロト」を組み合わせて描いた『太陽神のセフィロト』は、私がこれまでに描いてきた絵画のなかで（2023年9月現在）最強のスピリチュアル・パワーを発揮する作品といえるでしょう。そのことは、制作中に私の手が震えるほどのパワーを感じたことからも明らかです。これは、スピリチュアル・アートを手がけるようになってから初めての経験でした。

『太陽神のセフィロト』を初披露したときには、「絵の奥の世界から明確なアドバイスを受けた」という方が続出しました。そのなかでも、ある劇団の座長を務める男性のお話は忘れることができません。

その座長さんが『太陽神のセフィロト』を鑑賞していたところ、絵の奥に若いころに不慮の事故で亡くなった、かつての劇団仲間が現れ、手を振りながら「俺は天国にいるから心配するな。おまえが心配してくれるのを知っているから」と告げたというのです。その後、先に亡くなった先輩たちが全員出てきて「元気か？」と聞かれたので、「お迎えにきたのですか？」とたずねると、「いや、しばらくそっちでがんばれよ」と言われたとのことでした。

また、その年の夏には、さらに強烈な出来事が起こりました。知人の会社の若い社員の方の脳にウイルスが入ってしまい、もう半年も植物状態になっていました。医師からは、このまま亡くなるか、よくても植物状態が続くと言われていたそうです。知人から何かよい方法はないかと聞かれたので、重篤な状態の方に対していつもおすすめしているように、ベッドの下に『太陽神のセフィロト』のポストカードを3～4枚貼るように進言しました。すると、その若い社員は1～2週間後に目が覚め、しばらくするとすっかり元気になって、主治医が止めるのを振り切って、沖縄まで泳ぎに行ったというのです。

このように『太陽神のセフィロト』は、信じがたいような奇跡を次々と起こしています。今後は、そのエビデンス（科学的根拠）が明らかになることに期待しています。

◆茅の輪くぐりの日に現れた日輪と光る鳳凰形の雲

『太陽神のセフィロト』の完成から間もない2018年6月30日、関東地方上空に巨大な日輪《にちりん》が出現しました。日輪とは、太陽に薄い雲がかかったときに、その周囲に光の輪や虹が現れる自然現象を指し、昔から「よいことが起こる知らせ」との言い伝えがあります。

6月30日は、全国の神社で「夏越《なごし》の大祓《おおはらえ》」という神事が行われる日です。夏越の大祓では、神社の境内に設置された茅《ち》の輪をくぐることで、半年間でたまった穢《けが》れを祓《はら》い清める「茅の輪くぐり」が行われます。

その茅の輪くぐりが行われる日に、このような巨大な日輪が現れるとは、完成した『太陽神のセフィロト』が「よいことをもたらしてくれる」という神意としか私には思えません。しかも、その日輪の中央には、鳳凰形の雲まで見えるではありませんか（88ページの写真を参照）。翌7月1日が、暦の上で何かを始めるのに最適な日とされる「一粒万倍日《いちりゅうまんばいび》」だったのも、うなずける話です。

守護霊からのメッセージ

本章の最後に、その後、スピリチュアル・アートに関して守護霊から私に寄せられたメッセージを紹介します。

＊　＊　＊

現代人の多くは、文化的習慣として神社仏閣にお参りには行くが、心から神仏や霊界を信じている者は少ない。そのため、神仏を否定する唯物論科学が全盛となる時代となり、「たった一度の人生だから、享楽的に生きて何が悪い」という風潮が蔓延している。

その結果、地球の磁場《じば》はどんどん悪くなり、ムー（大陸）やアトランティス（大陸）の超古代文明の末期のようになってきた。このままでは、地球全土で、ムーやアトランティスが滅亡したときと同じような悲劇が起こるだろう。

スピリチュアル・アートの最大の強みは、鑑賞者に奇跡を起こし、奇跡を体感した者が、神仏や霊界が存在することを徐々に体感していけることにある。子供のような純粋な心を持っている人は、そうした体感によって、神仏への本当の信仰に目覚めていくだろう。そして彼らは、自分で守護霊からインスピレーションが受けられるようになり、さまざまな奇跡を通して、「善き人《よきひと》」として成長していくだろう。あなたは、そういった人がふえていくよう、スピリチュアルな仕事をたくさん行いなさい。

＊　＊　＊

このメッセージは私に送られてきたものであると同時に、読者のみなさんも含めた、全世界の人々に送られたものでもあります。

スピリチュアル・アートを通して、一人でも多くの方々に奇跡が起こることを心から願っています。

第3章

スピリチュアル・アートが生んだ奇跡の動画

本章では、スピリチュアル・アートに関連して撮ることのできた奇跡の動画7点を紹介します。

動画そのものは各見出しの下にあるＱＲコードをスマホのＱＲコードリーダーやカメラで読み取ると、当該の動画を紹介しているYouTubeチャンネルで視聴することができます。

スピリチュアル・アートが生んだ奇跡の数々を、ぜひ体感してください。

名古屋上空に出現したＵＦＯ

この動画は、２０１７年2月14日の18時10分ごろ、名古屋での個展を手伝ってくれた女性スタッフが、名古屋市天白区《てんぱくく》内の上空を飛ぶＵＦＯに遭遇《そうぐう》し、スマホで撮影したものです。

もともと彼女は、名古屋の個展にいらしたお客さまですが、そのときに意気投合してから、個展の手伝いをしてくれるようになりました。２０１７年は、不思議な写真がたくさん撮れた年でした。そのことを彼女に話したところ、「実は私も……」と言って見せてくれたのが、この動画だったのです。

この年は、8月に沖縄での1回めの個展を開催したのですが、それから個展の帰りにUFOを見たというお客さまの声がたくさん寄せられるようになりました。個展会場ではとくに何も現れることはなかったのですが、帰宅するとお客さまの自宅の上空にUFOがいたという点が、みな共通していました。

しかし、その2カ月後に名古屋で個展を開催したときは、ちょっと違いました。個展会場に来ていた、なんのつながりもない子供たちが、口々に「会場にUFOが入ってきた！」と言って騒ぎだしたのです。「小さなUFOが入ってきて、そこのおばさんの肩に乗った！」とのことでした。そして、そのUFOが肩に乗ったという女性が帰宅したところ、室内の電灯が異常点滅を起こしたと、後日、その動画を見せてくれました。この動画も、私のYouTubeチャンネルで視聴が可能です（タイトルは、「2017年9月20日（水）UFO飛来後の室内」）。

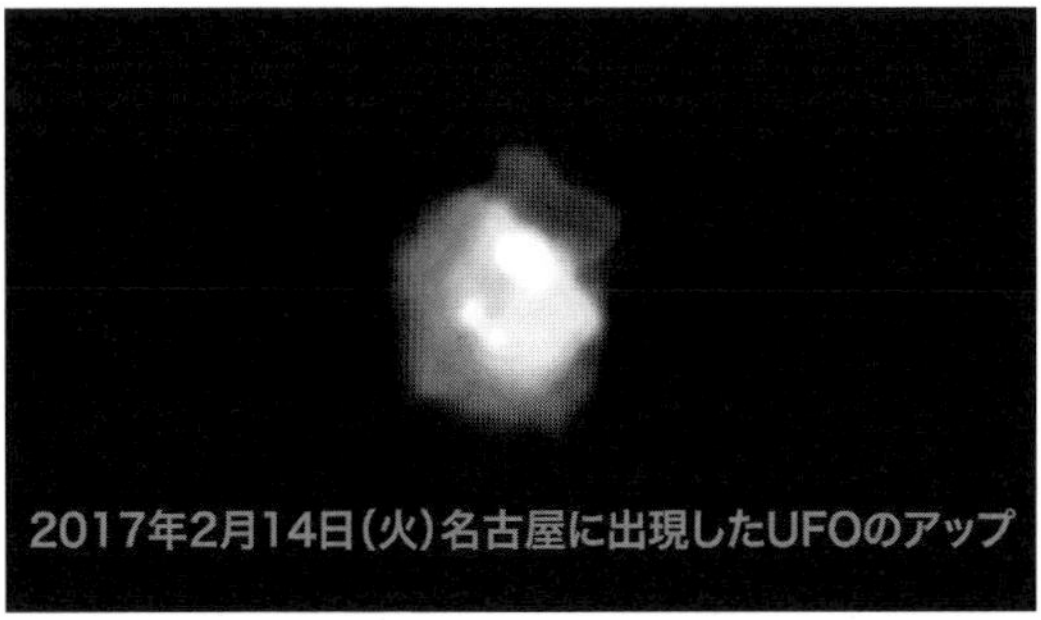
2017年2月14日(火)名古屋に出現したUFOのアップ

このようにUFOが現れるのは、宇宙人がこちらに興味を持って、どんなことをするのだろうと偵察に来ているためだという話を聞いたことがあります。

私は仕事柄、いわゆる霊能者と知り合う機会が多くあります。彼らによると、私の背後には、守護霊や天使だけではなく、宇宙人もいるそうです。私の仕事部屋を霊視して「この部屋は宇宙人だらけ」と言った霊能者が複数いらっしゃいました。

言われてみると、電話でスピリチュアルな話、とくに宇宙人の話をしていると、どの方向を向いても、必ず右後ろ45度の天井がギュワッとゆがむような音がして、通話の声にエコーがかかったようにこだまします。誰かに盗聴されているような気がして、「盗聴をやめてくれ！」と言うと元に戻ります。私は宇宙人に監視されているのかもしれません。

光る絵画

2019年11月27日、東京の個展会場で撮影した動画が「光る絵画」です。

絵画が光る現象が最初に起こったのは、2003年に聖路加《せいろか》国際病院で個展を開催したときです。私が使っていたガラケー（スマホ以前の携帯電話）でも、お客さまのガラケーでも、絵画の前で記念撮影をすると、8割以上の確率で絵が光って写ることに気がつきました。ただし、ビデオで撮影した場合は、絵が光ることはありませんでした。

やがてスマホに代わりましたが、スマホの動画でも、しばらくは光ることがありませんでした。しかし、この個展のときから突然、光る動画を撮れるようになったのです。

ちなみに、現在のスマホの機能では、お客さまが着ている服の一番濃い色にピントを合わせると、背後の絵画が強烈に輝くようになったので、不思議な現象ではなくなってしまったのですが、当時のスマホには、そうした機能はありませんでしたから、絵画が光ったと言って間違いないでしょう。

そのうえ不思議なのは、絵画が光るだけでも驚きなのに、絵画の前に人が立つと、さらに光ることです。紹介する動画で絵画といっしょに写っているのは、一般のお客さまです。とくに異様に光る人だったので、実験的に撮らせてもらいました。動画に入っている音声で確認できるように、撮影する私の後ろにいる人たちが「うわー、光った！」と驚いていた様子も入っています。

このときは、光がまぶしすぎて絵画を直視できないという人がたくさんいました。どうやら、普通の絵画として見える人と、霊的に絵画が光って見える人がいるようで、霊的に見える人は光のパワーが強すぎて絵画に近づくことができませんでした。「身体がビリビリするほど波動を感じる」と言うお客さまも多かったです。

おそらく、この現象は、絵画を見ている人から発せられるエネルギーと、絵画が発するエネルギーの相互作用によって起こっているように思います。起こる現象が、お客さまによって異なるからです。

謎の「S」が出現する稲光

2021年8月30日の20時30分ごろ、夜のウオーキングから帰ると、空がやたらと光っていることに気づきました。なんだろうと思ってよく見ると、稲光でした。ただし、雷鳴《らいめい》はまったくしていないため、ほとんどの人が雷に気づかずに歩いていました。

このときの空の様子を動画に撮影しました。動画をよく見ると、左下に「S」の文字が出現して光っているのがわかります。この状態は30分以上続きました。

この現象は、この日、東京中で撮影されて、YouTubeにも多数の動画がアップされていました。私が撮った動画では、家がじゃまになって写っていませんが、ほかの人がYou Tubeにあげた動画では、「S」の文字の下で、二機のUFOが戦闘をしているものや、巨大な葉巻形母船のシルエットが映っているものもありました。

それから約4カ月後の2022年1月9日のことです。「私はサクラの精、木花咲耶姫《このはなさくやひめ》。合言葉はサクラね」というインスピレーションが降りてきた瞬間、上空に「S」の文字が現れました（左下の写真を参照）。

動画にしても、写真にしても、ここまできれいなSの文字が現れるのが不思議です。合

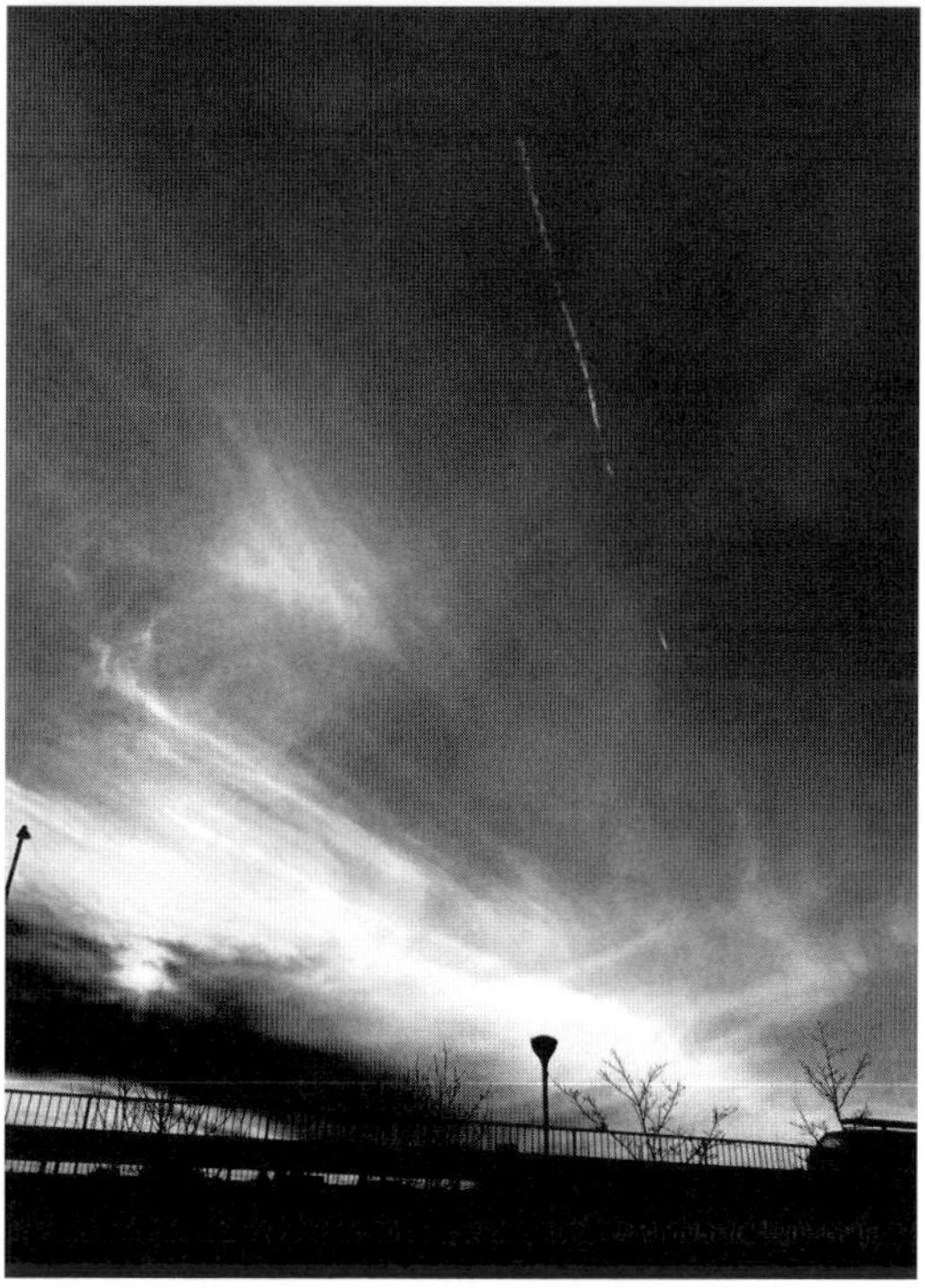

上空に「S」の文字が現れた

言葉のサクラを表すSなのでしょうか。あるいは、なんらかのメッセージなのでしょうか。

『ハートチャクラ』と『ベースチャクラ』の前の空間がゆがむ

２０２１年10月３日、名古屋の個展会場で撮影した動画です。写っているのは一般のお客さまで、彼女が作品に近づくと、スマホの中の画像がゆがむのです。音声のボリュームを上げると「カチッ、カチッ!」という音がするのもわかります。

最初に撮ったのはスタッフで、「なんだ、これは!」と大騒ぎになり、改めて私が10本くらい撮らせてもらったなかの１本が、この動画です。

最初にゆがんでいるのが『ハートチャクラ』という作品の前で、次に移動して撮ったのが『ベースチャクラ』という作品の前です。動画とは別に写真でアップにして撮影してみると、絵画と壁の模様がグニャグニャにゆがんでいるのに、絵画の隣に展示している解説の文章はまったくゆがんでいませんでした。興味深いのは、ほかのお客さまを撮影した場合は何も起こらず、彼女のときだけ、この現象が起こったことです。

空間が歪む・ハートチャクラとベースチャクラ

「メタトロン」という量子波動測定器をご存じでしょうか。メタトロンは、ロシア人の科学者によって開発された体の中の波動（周波数）を測定し調整する装置で、約50カ国の医療現場などで使用されています。日本国内でもメタトロンを使って心身を調整する「メタセラピー」を行う医師なども数多くいらっしゃいます（注・メタセラピーは病気・症状を治療・根治するものではありません）。

２０１８年4月、このメタトロンを使って5人の被験者に実験を行ったところ、スピリチュアル・アートから磁力のような何らかの波動が放出されていることが明らかになりました（くわしくは、ブログ「綾小路有則のスピリチュアル・レポート*」をご参照ください）。

動画に写っている彼女自身が発する波動と、

スピリチュアル・アートの波動が磁力が影響し合うように共鳴し、空間がゆがんでいると考えられます。昔のテレビは、画面の前に磁石を持ってくると画像がゆがみました。おそらく、それと同じような現象が起こっているのではないでしょうか。

翌年、同じ個展会場に彼女が来たときには、空間がゆがむだけではなく、途中で「パンッ」と音がして、衛星中継のように音声と映像がずれる現象が起こりました。

＊「綾小路有則のスピリチュアル・レポート」(https://ameblo.jp/ayanokohji777/entry-12634862238.html)

ゆがむ空間・その2

２０２１年に続いて、翌２０２２年に開催した名古屋での個展会場にも、作品の前に立つと、空間がゆがんで撮れる女性が現れました。

この女性は、２０２１年に名古屋の個展にいらっしゃったお客さまで、翌年から名古屋の個展のお手伝いをしてくれるようになった方です。自撮りをしていたら空間がゆがむというので、映像を見てみたら前年と同じ現象が起こっていました。スピリチュアル・アートの前で動画を撮影すると空間がゆがんで撮れる方は、前の女性に続いて、これで２人め

になります。

この女性の場合、動画を撮ろうとすると、なぜか途中で画面がフリーズしてしまい、何度も撮り直しを余儀なくされました。スマホ自体が動かなくなることもあったため、そのたびにスマホを再起動させたのですが、スマホがどんどん熱くなって、使えるようになるまで10分くらいかかったこともありました。10回くらい試して、6回めくらいからなんとか撮れましたが、最後まで撮ることができたのは、この1本だけでした。

プレアデス星人の話をしていたら現れたエメラルド色の金粉

2021年に東京で開催した個展に、女性の占い師さんが来場されました。ちょうどお客さまが最も多い時間帯だったため、あまりお話ができませんでしたが、個展終了後に、その方が置いていってくれたご自身の資料を拝見したところ、非常に気になるところがあり、彼女のサロンを何度か訪れるようになりました。

翌年の9月11日、彼女のサロンで、私が木花咲耶姫からインスピレーションが降りてきた話（くわしくは132ページを参照）をしたところ、彼女は四国で木花咲耶姫に霊的に声をかけられ、「東京でご縁の深いサイキックたちが集まりつつあります。東京にお引っ越しなさい」と告げられたといいます。

話が盛り上がっていくうちに、どうやら彼女は、太古にプレアデス星人だったらしいことがわかってきました。すると、彼女の服、絨毯、机の上などにエメラルド色の金粉が現れたのです。

エメラルド色なので、厳密には金粉とはいえないかもしれませんが、その感じは金粉としか言い表せないものでした。紹介した動画でもちょっとわかりにくいかもしれませんが、肉眼ではハッキリと確認できる、直径1ミリくらいのものでした。

プレアデス星といえば、エメラルドをはじめとした、宝石を使った科学で知られていま

2022年9月11日(日)エメラルド色の金粉?が出現!

す。そのプレアデス星の話をしていたときに、エメラルド色の金粉が現れるとは驚きでした。

それまでにも、スピリチュアル・アートを鑑賞している人の肌に金粉が現れたことは何十回もありました。しかし、空間にこんなにたくさん出たのは初めてで、エメラルド色も初めてでした。

彼女によると、「綾小路先生と出会ってから出るようになったんですよ」とのことでした。その後も、私が彼女のサロンへ行くたびに、エメラルド色の金粉が出るようになり、ついには私が行かなくても出るようになったそうです。

このとき、セロハンテープに貼り付けて持ち帰ったエメラルド色の金粉は、現在も自宅にあります。

オラクルカードのセミナーで続々と出てきたエメラルド色の金粉

2022年、私は、44種類のスピリチュアル・アートを用いたオラクルカード「スピリチュアル・アート・カード」を制作しました。オラクルカードとは、神託《しんたく》（天からのメッセージ）を受け取るためのカードのことです。占術としては、偶然性からメッセージを受け取る「卜術《ぼくじゅつ》」の一つに位置づけられており、聖書を使って占う書物占い（ビブリオマンシー）を現代風にしたものがルーツともいわれています。

占術に使うカードと聞いて、みなさんが真っ先に思い浮かべるのはタロットカードでしょう。確かに、日本ではタロットカードのほうがポピュラーで、なじみが深いと思います。ただし、タロットカードがゲームや占いのためのツールであるのに対し、オラクルカードは前述したように神託を受け取るカードです。この点で、両者のコンセプトは大きく異なるといえます。

人生において何かに悩んだとき、困り事があったときにオラクルカードを使うと、その助けとなる神託を受け取ることができます。シンクロニシティ（意味のある偶然の一致）

によって、いまのあなたの悩みを解決するカギとなる適切なカードが引き寄せられるのです。

また、タロットカードのように、カードの意味を暗記する必要がなく、選んだカードからあなたに降りてくるインスピレーションを受け取ればよいのです。誰でも手軽に使える点もオラクルカードの魅力といえるでしょう。

そして、スピリチュアル・アートカードを制作したのをきっかけに、オラクルカードの意味を知り、人生や仕事への生かし方を学ぶ講座「スピリチュアル・オラクル・アカデミー」を開講しました。

この動画は、開講前の2022年11月26日、0期生向けにベーシック講座をプレ開催したときに撮影したものです。

休み時間に、オラクルカードを置いておいた布の上におびただしい数の金粉が出てきたのです。最初に撮影者である女性が発見し、その後、まわりに人が集まってき

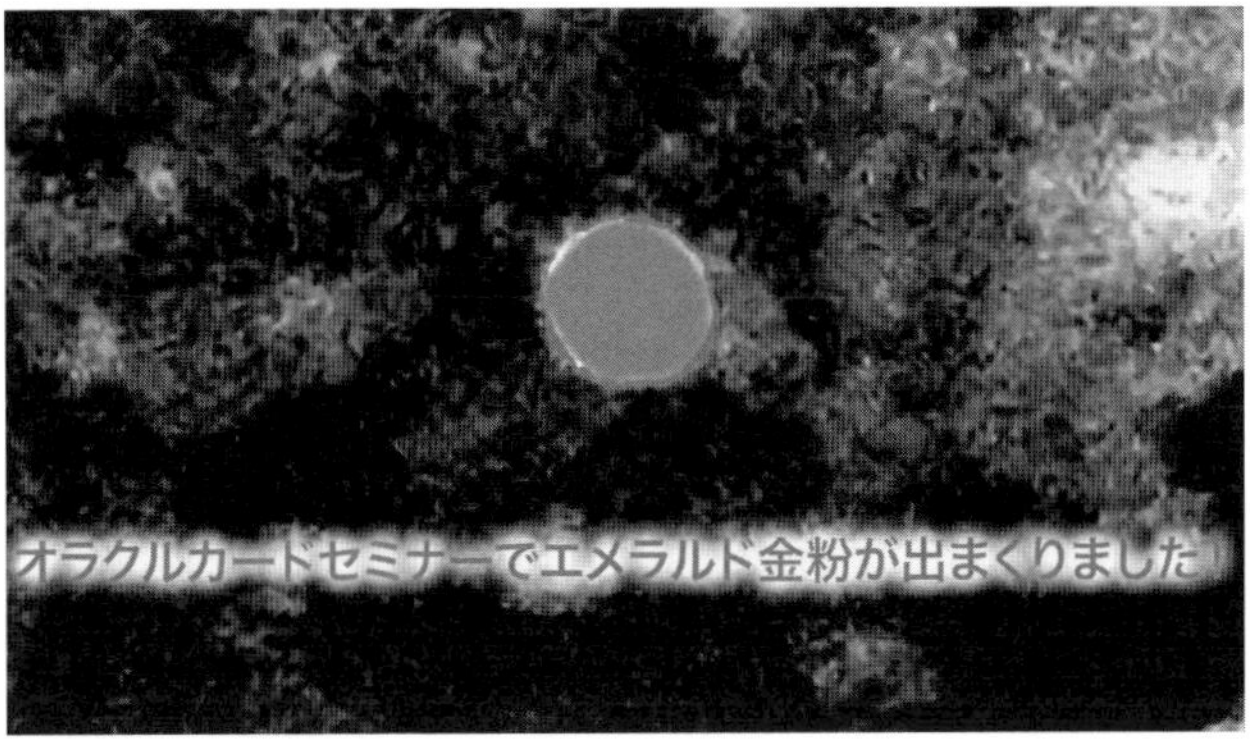
オラクルカードセミナーでエメラルド金粉が出まくりました

て「すごい！」と言っているうちに、金粉の数はどんどんふえていきました。

いちばん目立つのが、エメラルド色のもので、青や紫色の金粉もあります。このときも、セロハンテープに貼り付けて、私も含めて全員が持って帰りました。このときの金粉も、いまだに手元に残っています。

一般的に、肌に出る金粉は汗と間違えているのではないか、と言われます。しかし、このときは、オラクルカードを置いた布の上のほか、机やソファ、生徒さんのバッグの表面などに出ています。

おそらく、なんらかの存在が、多くの人たちがオラクルカードを学んでいるのを喜んで、祝福の意味で物質化現象を起こしたのではないでしょうか。

第4章

天とつながる方法

スピリチュアル・アートで奇跡を起こすために

ここまで、スピリチュアル・アートが持っている不思議な力や、スピリチュアル・アートが引き起こしてきた奇跡の数々を紹介してきました。もちろん、スピリチュアル・アートを鑑賞したすべての人が奇跡を体験したとは言いません。それでも、スピリチュアル・アーティストとして33年間、天の啓示をお伝えするために尽力してきた私から見て、スピリチュアル・アートのパワーを実感し、自分と周囲の人たちをプラスとなる方向へと大きく進路を変えることができた方々には、ある種の共通点があるように思えるのです。

読者のみなさんも、本書のカラーグラビアに掲載したスピリチュアル・アートと向き合って、自分も周囲も好転させる奇跡をたぐり寄せることができるようにする方法を考えてみたいと思います。

これまでスピリチュアル・アートでさまざまな奇跡を起こしてきましたが、なかでもこの数年で私も驚いたのは、鑑賞した方が作品の中に守護霊や亡くなった人の姿を見たり、声が聞こえてきたりして、コミュニケーションがとれたという現象です。

スピリチュアル・アートと対面すると、自分の考えとは思えない濃厚なインスピレーションが降りてきたり、そのインスピレーションと質疑応答ができたりというケースは少なくありません。しかし、人の姿まで見えたり、テレパシーのように声が響いたりしたというのは、かなりめずらしいケースだといえるでしょう。

いずれのケースにも共通しているのは、絵画に限らず、ポストカード、オラクルカード、ＤＶＤなどのスピリチュアル・アートを鑑賞してリラックスしていると、天にいる存在とインスピレーションでつながり、幸運を引き寄せる現象が起こることです。

それでは、どうすればスピリチュアル・アートを通して天とつながれるようになれるのでしょうか。以下に、具体的な方法を紹介します。

天とつながる方法

まず、大前提として、天には高次元の存在が実在すると信じることです。守護霊、指導霊、天使、神仏、ハイヤーセルフ……名称はなんでもかまいません。とにかく、そういったありがたい存在が確かにいるのだと認めましょう。

私自身、これまで守護霊や天使たちが自分をスピリチュアル・アーティストとして活動できるように導いてくれたと確信しています。その中心になっているのは私の守護霊ですが、守護霊が扱える領域を超えている場合は、天使が情報を降ろしてくることもあります。また、宇宙人としか思えない存在が、専門的な情報を降ろしてくることも多々ありました。「綾小路さんには宇宙人が憑《つ》いている」と言った知り合いの霊能者はたくさんいるので、それも事実だろうと思います。

しかし、「まさか、そんなことはあるはずはないだろう」と、天の存在に疑いを持っては、絶対につながることはできません。少なくとも、自分を導いてくれる守護霊が存在するのだと心から信じきるようにしてください。守護霊という言葉に拒否感があるのなら、ハイヤーセルフでも、天の存在でも何でもよいと思います。

ちなみに私が言っている守護霊の定義は、ご先祖様や動物霊のことではありません。天上界に残っている自分自身の魂《たましい》のことを指しています。人間の魂は動物に比べて大きいので、大抵の場合ほとんどが天上界に残っており、その一部が分光して、肉体の中に入って人生修行をしているのです。

この大前提をクリアできたら、以下のようにスピリチュアル・アートを使ってください。

【スピリチュアル・アートの使い方】
❶スピリチュアル・アートを鑑賞してリラックスする
❷天の存在に質問をしたうえで、徹底的に自問自答する
❸返事がきたら、きちんと感謝の思いを伝える

心身が緊張していると、インスピレーションが降りてきにくいものです。リラックスして、心が暖かくなってくると、天とつながりやすくなります。

余談ですが、漫画の神様といわれている手塚治虫《てづかおさむ》先生は、風呂の中で鉄腕アトムのおもちゃで遊んでいると、たくさんのインスピレーションが降りてくると言っていました。芸術家、作家、科学者など、一流の専門家は、大抵同じことを言っています。考えて、考えて、考え抜いたうえで、リラックスしていると、天からたくさんのインスピレーションが降りてくるのです。

たとえば、発明家のエジソンは「1%のひらめきがなければ、99%の努力はムダになる」という名言を残しています。

相対性理論を発見した天才科学者のアインシュタインもそうです。彼は唐突に答えがわかる典型的なインスピレーション型の天才でした。不思議な話ですが、土台となる知識が何もないときに忽然と答えだけがわかり、あとからその証明を論理的に構築していくのです。彼はヨットに乗っているときがいちばん幸せだったそうです。ヨットでの経験が空間と時間の理解に大いに役立ち、彼の発見に貴重な役割を果たしたといわれています。

最初は、天の存在に自分から質問をしても、すぐに答えは返ってこないかもしれません。しかし、別のときにふいに脳裏にヒントや答えのイメージが浮かんでくることがあります。それが質問に対する彼らの返答であることが多いのです。

たとえば、スピリチュアル・アートに話しかけてみたり、相談してみたりする。そんな心持ちで毎日を過ごしていると、突然、インスピレーションが降りてくるケースが徐々にふえてきます。ほかにも、偶然開いた本のページに答えやヒントが書いてある。偶然つけたテレビで、答えやヒントについて話している。天の存在は、このような方法で、私たちに接触してくることがあります。あせることなく、試してください。

インスピレーションを降ろすときの注意点

ただし、降りてきたインスピレーションを無条件に信じて行動するのは、たいへん危険です。

なぜなら、そのインスピレーションが、自分が生み出した妄想《もうそう》の場合もあるし、あなたの精神状態が悪ければ、悪魔や悪霊による惑わしの場合もあるからです。あなたの心に怒りや嫉妬《しっと》など、負の思いが蔓延しているときは、悪魔や悪霊とつながってインスピレーションが降りてくることが多いです。しかも悪魔や悪霊は、守護霊や天使のふりをすることが多いので注意が必要です。

それを見破るには、仏教やキリスト教のような世界的な宗教の基礎知識を豊かにするとともに、世間解《せけんげ》（世間の常識をよく理解した智恵のある人）に一歩でも近づく努力をすることが重要です。とくに仏教の解説本では、悪魔が使う惑わしについて載っているものがあるので、そういった書籍を読んで勉強することも大事です。

降りてきたインスピレーションの内容を吟味《ぎんみ》し、理性と知性を駆使して行動すべきと判断できたら、自分の意志で実行してください。この判断と行動のくり返しにより、地に足がついたスピリチュアルな人間に成長できます。

また、ほんの小さなことでも、答えが返ってきたら、その事柄を必ず日記につけておくことをおすすめします。その答えは言葉によるメッセージとは限りません。たとえば、前述したように空を見上げたとき、変わった雲の形に出くわすかもしれません。そのときには偶然と思えるようなことでも、時間を置いて日記を読み返すと、偶然とは思えない事例が多々発見できるからです。

そうした日記がたまれば、天の存在が明らかに動いてくれていることがわかるようになり、彼らが自分のことを見守ってくれているという確信にさらにつながります。その確信が、天上界と自分を結ぶ「インスピレーション・パイプ」を太くしてくれるので、降りてくる情報も次第に濃厚になっていきます。

スピリチュアル・アートを通して願い事をする

こうして降りてきたインスピレーションの内容を的確に判断し、自分の意志で行動できるようになったら、そこから一歩踏み込んで、スピリチュアル・アートを通して願い事をしてみましょう。

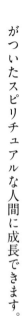

この場合も、目の前で天の存在が話を聞いていると信じて願うことが重要です。

また、その願い事が正しいものであるかをよく考えることも欠かせません。天の存在にその祈りを聞かれても恥ずかしくはないか、人前で公表されて恥ずかしい内容ではないかを自分に問いかけてください。

まれに、犯罪の成功を祈るような人もいますが、論外なのはいうまでもありません。

そして願い事がかなわなくても、それには執着しないことです。天の存在の判断で願いが却下されることもあれば、時が熟していないので保留にされることもあります。したがって、願い事を終えたら、人事を尽くして天命を待つ気持ちで過ごしましょう。

これができるようになるためは、自身の感情をコントロールする方法を身につける必要があります。

「喜怒哀楽《きどあいらく》」という感情があります。このうち「喜」と「楽」のコントロールは、躁《そう》状態になりすぎないようにすることなので、さほどむずかしくありません。

「怒」のうち、公憤《こうふん》（正義感から発する公共のための憤《いきどお》り）は、持ってもよい怒りです。よくないのは、保身からくる怒りです。こうした怒りをため込むと、心がゆがんだり、体調をこわしたりします。「怒」をコントロールするには、相手の気持ちを理解して、サラサラと水のように流す訓練をすることです。

最後の「哀」、そして恐怖心は、コントロールするのがむずかしい感情です。気がつくと、マイナス想念の坩堝《るつぼ》にハマったかのように、同じ悲しみ、同じ恐怖心のことばかりを考えるようになります。

この二つの感情をコントロールするには、感情に対する思考を止める時間を少しずつ延ばしていくようにします。10秒止めることができたなら、次に30秒にトライ。それができたなら、1分間止めることにトライ。1分間止めることができたなら、時間を決めずに何かに集中する。一度、ほかのことに集中することができるようになれば、数時間は悲しみと恐怖心にとらわれることはなくなります。もっと慣れてくれれば、深呼吸をするだけで、悲しみと恐怖心を吹き飛ばすことができるようになります。

あとは、実生活で努力を怠《おこた》らなければ、自然と願いがかなうようになります。

実は、この点はスピリチュアル・アートを通して願いをかなえるうえで、大変重要なポイントです。以下にくわしく説明しましょう。

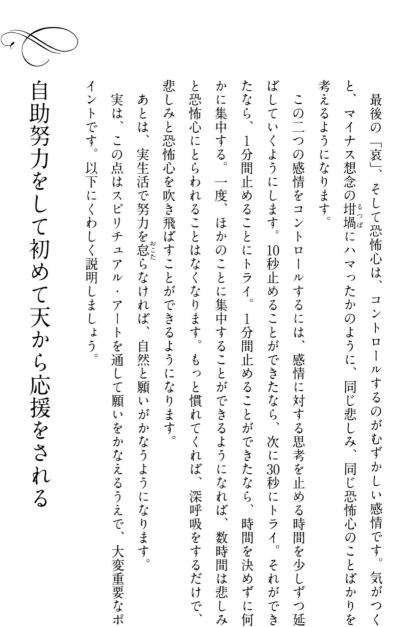

自助努力をして初めて天から応援をされる

スピリチュアル・アートは、本人が毎日自助努力することにより、その時点での本人の悟り（心境）と行動力に呼応して、守護霊や天使たちの応援を得られる「異次元エネルギーゲート」です。見る人に一方的に幸運なエネルギーを与えるものではありません。つまり、異次元エネルギーゲートの向こう側の世界である「天上界」と、コンタクトができるアートなのです。

コンタクトできる天上界は、その人の現在の悟りと、自分も他人も幸福になれるよう努力（行動）している度合いによって異なります。神仏や霊界の存在を信じ、心清く生きようと努力している人は、天上界の善霊とシンクロする可能性が高いのです。さらに、自分も他人も幸福になれるよう努力している人は、その行動力が強くなるほど、守護霊や天使とシンクロして、彼らからのインスピレーションや応援を得る確率がどんどん高くなります。

つまり、スピリチュアル・アートは、「この黄金のサイフを持っているだけでお金が入ってくる」という完全他力のご利益グッズではないのです。

2020年8月に「スピリチュアル・アートを購入したら、宝くじで高額当選しました」というお礼のメッセージをいただいたことがあります。しかし、これはビギナーズラック的なものにすぎません。このような富の引き寄せが生涯続くわけではないのです。たとえ、富を引き寄せる絵画『超《ハイパー》・金剛亀《コンゴウキ》』（作品は49ページを参照）を購入したとしても、一切の努力を放棄し、ギャンブルにうつつを抜かして一攫千金を狙っている人は、改心するまでバチが当たることがあるようです。

たとえば、自分は一切働かず、妻に生活費を稼いでもらっている亭主がいたとしましょう。彼は毎日、お酒とギャンブルに執心し、気にくわないことがあれば、すぐに妻に暴力を振るいます。その結果、彼は妻に愛想を尽かされて、離婚されてしまいました。それでも彼は反省せず、借金地獄の日々が続きます。借金取りに追われて夜逃げをしたものの、ついに健康を害して入院。入院中、初めて人生を深く顧《かえり》みたところ、思い出すのはやさしかった妻の行為ばかり。生まれて初めて反省心が芽生えましたが、妻が帰ってくるはずもなく、落ち込むばかりでした。

やがて退院をした彼は、真面目に生きようと心を入れ替えます。このとき、異次元エネルギーゲートの向こう側の天使たちは、「心から反省し、真面目に働こうと努力しているようだから、まずはアルバイト先が見つかるくらいから応援してあげよう」と、彼の悟りと行動に呼応した応援をするようになります。そして、彼の心境のレベルが上がるにつれて、それにふさわしい成功を引き寄せます。アルバイトから正社員へ、正社員から店長へと。

やがて彼が「お客さまが幸せを感じられる店を開きたい」と心から思うようになり、その心境と実力にふさわしい人材に育ちつつあると認められると、「彼が独立できるように応援してあげよう。彼を応援してくれる人に引き合わせてあげよう」と、現在の彼の心境と実力にふさわしい成功を引き寄せることができるのです。さらに、神仏が「彼は一定のレベルをクリアした」と判断したならば、もっと大きな幸運を引き寄せてくれるでしょう。

これが、スピリチュアル・アートが起こす「シンクロニシティ（意味のある偶然の一致）・メカニズム」略して「シンクロ・メカニズム」です。

これからのスピリチュアル・アート

絵画から始まったスピリチュアル・アートは、クリスタルガラス・アート、着物の帯、宝石アート、お湯をそそぐとスピリチュアル・アートが浮き出るマグカップ、瞑想《めいそう》用DVDなど、さまざまなアイテムへと広がっています。

そのなかでも、現在、私が最も力を入れているのは、スピリチュアル・アート・カードです。

前でもふれたように、スピリチュアル・アート・カードは、44種類のスピリチュアル・アートを用いて制作したオラクルカードです。何か困ったことや悩み事があったときにオラクルカードを使うと、シンクロニシティによって、適切なカードが引き寄せられ、助けとなる神託《しんたく》（天からのメッセージ）を受け取ることができます。

そして、このスピリチュアル・アート・カードの深い意味を知り、人生や仕事への生かし方を学べる「スピリチュアル・オラクル・アカデミー」を開講したのも前述したとおりです。

講座には、ベーシックコースとその上位となるマスターコースがあり、マスターコースを修了すれば、ほかの方にスピリチュアル・アート・カードを生かしたアドバイスもできるようになります。

私は、これからのスピリチュアル・アートが進むべき道は、この点にあるのではないかと感じています。つまり、単に自分の願いをかなえるだけでなく、スピリチュアル・アートを通して、人を幸せに導くような方向に踏み出すこと。そして、多くの方がスピリチュアルな体験をし、神仏も天使もあの世も存在することを実感すること。これが世界を大きく変える力になると思うのです。まさに、スピリチュアル・アートが起こす「シンクロ・メカニズム」というわけです。

一人でも多くの人がスピリチュアル・アートにふれ、世界中に幸せがあふれる日が実現できたら、スピリチュアル・アートの創始者として、これ以上の喜びはありません。

おわりに

本書を最後までお読みいただきまして、ありがとうございました。

今回、12年ぶりに書籍を上梓《じょうし》するにあたり、迷っていたことが一点だけありました。それは、「自分の体験のどこまでを語ればよいか」ということです。

当初は、この12年間で起こったことや、前著では語り尽くせなかったことまで、洗いざらい公開しようと考えていました。しかし、パソコンを前にして、これまでに自分が歩んできた道を改めて振り返ってみると、あまりにも突拍子もない話が多すぎて、かえって読者のみなさんの心に響かないのではないかという懸念《けねん》が湧いてきたのです。

どこまでならリアルに伝わり、どの線を越えると真実が伝わりにくくなるのか——そのさじ加減に悩まされました。

けっきょく、最後まで明確な基準を見つけることはできませんでした。そこで考えたのが、エピソードに伴《ともな》う写真や動画が残っているものを優先させるという方法でした。たとえ常識的には信じがたいような話であっても、写真や動画といった「証拠」とともに紹介すれば、読者のみなさんの心に響くのではないかと思ったのです。

本書の最後でも、そんな「証拠」の残っているエピソードを紹介しましょう。動画付きの「おわりに」とは異例かもしれませんが、本書の掉尾《ちょうび》を飾るには、ふさわしいのではないかと思います。

第3章で、2022年1月9日に、木花咲耶姫《このはなさくやひめ》からインスピレーションが降りてきた体験を紹介しましたが、初めて木花咲耶姫からインスピレーションが降りたのは、2021年11月23日でした。ウオーキングをしている最中に突然、木花咲耶姫から「近所に私を祀《まつ》る神社があるので、案内しましょう」と言われたのです。

私は、案内されるままに歩いてみました。そこは、人工の富士山が祀ってある神社でした。神社の名前は、「富士神社」。ご祭神は、本当に木花咲耶姫だったのです。

さらに後日譚《ごじつたん》があります。2022年10月2日、三たび、木花咲耶姫から「またいらっしゃいな」とインスピレーションが降りてきたのです。神社に到着すると、中川の向こう岸に富士山が夕日に映えているのが目に入りました。あまりの美しさに、写真を撮ろうとしたところ、突然、一羽のカラスが舞い降りてきて、私に何かを語りかけてきました。手を伸ばせばさわれるほどの距離です。

そこで、「あなたを動画で撮影させてください。いま、スマホを出すから、飛び去らないでくださいね」と心の中で語りかけると、じっと私を見つめて待っています。そして、「撮影の準備ができましたので、どうぞしゃべってください」と言うと、「カアカア」と鳴き始めました。

途中で、私が「おまえ、おもしろいヤツだなあ」と言うと、まるで「おまえもな！」とでも言うように、「カアカア」と鳴き返してきました。

そして、カラスに別れを告げて、富士神社を動画に収めていたところ、あり得ないことが起こりました。百聞は一見にしかずです。その様子は下のＱＲコードから動画でご覧いただけます。

カラスは昔から神の使者と呼ばれています。たとえば、八《や》咫烏《たがらす》は熊野大社に仕える存在として信仰されており、熊野のシンボルともされています。私が出会ったカラスも、木花咲耶姫が遣わした使者だったのかもしれません。

本書を刊行するにあたっては、ヤンドラの狩野元春さんにご尽力いただきました。そして何より、出版の機会を与えてくださった徳間書店編集企画室の橋上祐一さんに深謝申し上げます。

２０２３年　良夜

著者記す

「スピリチュアル・オラクル・アカデミー」について、くわしく知りたい方は、以下のウェブサイトを参照ください。

https://kiseki2022.jp

綾小路有則　個展情報

【名古屋会場】
●会期：2023年10月20日（金）～10月29日（日）
●会場：アートスペース A-1
〒460-0008　名古屋市中区栄1-24-28
アートスペース A-1のホームページ：
http://www.artspace-a1.com/
●時間：11：00～18：30（最終日は 17：30 まで）
●入場無料！

【東京会場】
●会期：2023年11月28日（火）～12月3日（日）
●会場：サロン・ドゥ・コロナ
〒153-0042　東京都目黒区青葉台1-5-2 代官山 IV ビル B2F
（旧山手通り エジプト大使館隣）
（東京目黒 美空ひばり記念館 はす向かい）
サロン・ドゥ・コロナのホームページ：
http://www.salon-de-corona.com/index.html
●時間：11：00～18：30（最終日は 17：00 まで）
●入場無料！

デザイン　三瓶可南子
編集協力　狩野元春／㈱ヤンドラ

綾小路有則（あやのこうじ・ありみつ）
スピリチュアル・アーティスト。
1961年、長崎県長崎市生まれ。６歳から東京に在住。86年、東京藝術大学美術学部デザイン科卒業。国内外の美術展に絵画を出展し、数々の賞を受賞。絵本の出版や、ディズニー・オン・クラシック用の絵画の制作など、活動は幅広い。毎年開催される個展とアール・グラージュ主催の展示販売会も好評。

公式ホームページ　https://www.ayan777.com/
ブログ　https://ameblo.jp/ayanokohji777/
YouTube　https://www.youtube.com/user/000Horus/videos

奇跡のスピリチュアル・アート
天上界とつながりパワーを浴びる

第１刷　2023年９月30日

著　者　綾小路有則
発行者　小宮英行
発行所　株式会社 徳間書店
〒141-8202 東京都品川区上大崎 3-1-1
目黒セントラルスクエア
電話　編集(03)5403-4344／販売(049)293-5521
振替　00140-0-44392
印刷・製本　株式会社広済堂ネクスト

Printed in Japan
ISBN978-4-19-865642-3